Como se Faz uma Tese

Coleção Estudos
Dirigida por J. Guinsburg
(*in memoriam*)

EDIÇÃO REVISTA E ATUALIZADA

Coordenação de texto Luiz Henrique Soares e Elen Durando
Preparação Elen Durando
Revisão Luiz Henrique Soares
Capa Sergio Kon
Produção Ricardo W. Neves e Sergio Kon.

Umberto Eco

COMO SE FAZ UMA TESE

TRADUÇÃO
Gilson Cesar Cardoso de Souza

Título do original italiano
Come si fa una tesi di laurea

Copyright © 1977 Casa Editrice Valentino Bompiani & C.S.p.A.

Dados Internacionais de Catalogação na Publicação (CIP)
(Câmara Brasileira do Livro, SP, Brasil)

Eco, Umberto, 1932-2016
    Como se faz uma tese / Umberto Eco ; [tradução Gilson Cesar de Souza]. -- 27. ed. rev. e atual. -- São Paulo : Perspectiva, 2019. -- (Coleção estudos ; 85 / coordenação J. Guinsburg (in memoriam))

    Título original: Como si fa una tesi de laurea
    ISBN 978-85-273-1200-4

    1. Teses I. Guinsburg, J. II. Título. III. Série.

19-31234   CDD-808.02

Índices para catálogo sistemático:
1. Teses : Elaboração : Retórica 808.02
Cibele Maria Dias - Bibliotecária - CRB-8/9427

27ª edição – 2ª reimpressão

Direitos reservados para o Brasil à
EDITORA PERSPECTIVA LTDA.

Alameda Santos, 1909, cj. 22
01419-100 São Paulo SP Brasil
Tel: (011) 3885-8388
www.editoraperspectiva.com.br

2024

Sumário

NOTA DA EDIÇÃO.................................IX

APRESENTAÇÃO À EDIÇÃO BRASILEIRA –
Lucrécia D'Aléssio Ferrara...............................XI

INTRODUÇÃO......................................XVII

1. QUE É UMA TESE E PARA QUE SERVE.............. 1

   1.1. Por que se deve fazer uma tese e o que ela é 1

   1.2. A quem interessa este livro...................... 4

   1.3. Como uma tese pode servir também após
       a formatura.................................... 5

   1.4. Quatro regras óbvias.......................... 7

2. A ESCOLHA DO TEMA 9

   2.1. Tese monográfica ou tese panorâmica? 9

   2.2. Tese histórica ou tese teórica? 13

   2.3. Temas antigos ou temas contemporâneos? 16

2.4. Quanto tempo é requerido para se fazer uma tese? . 18

2.5. É necessário saber línguas estrangeiras?.......... 22

2.6. Tese "científica" ou tese política? 26

Que é a cientificidade? [26] ▪ Temas histórico-teóricos ou experiências "quentes"? [31] ▪ Como transformar um assunto de atualidade em tema científico? [35]

2.7. Como evitar ser explorado pelo orientador........ 41

3. A PESQUISA DO MATERIAL 45

3.1. A acessibilidade das fontes..................... 45

Quais são as fontes de um trabalho científico? [45] ▪ Fontes de primeira e de segunda mão [50]

3.2. A pesquisa bibliográfica 54

Como usar a biblioteca [54] Como abordar a bibliografia: o fichário [58] ▪ A citação bibliográfica [62] ⊚ QUADRO 1: *Resumo das Regras para a Citação Bibliográfica* [77] ⊚ QUADRO 2: *Exemplo de Ficha Bibliográfica* [78] ▪ A biblioteca de Alexandria: uma experiência [79] ⊚ EXEMPLO DE *ficha a completar, redigida com base numa primeira fonte bibliográfica com lacunas* [86] ⊚ QUADRO 3: *Obras Gerais sobre o Barroco Italiano Identificadas através do Exame de Três Elementos de Consulta* [88] ⊚ Quadro 4: *Obras Particulares sobre Tratadistas Italianos do Século XVII Identificadas através do Exame de Três Elementos de Consulta* [89] ▪ E se for preciso ler livros? Em que ordem? [98]

4. O PLANO DE TRABALHO E O FICHAMENTO 101

4.1. O índice como hipótese de trabalho............ 101

4.2. Fichas e apontamentos 108

Vários tipos de fichas: para que servem [108] ⊚ QUADRO 5: *Fichas de Citações* [114] ⊚ QUADRO 6: *Ficha de Rememorização* [116] ▪ Fichamento das fontes primárias [117] ▪ As fichas de leitura [119] ⊚ QUADRO 7-14: *Fichas de Leitura* [122] ▪ A humildade científica [135]

5. A REDAÇÃO 137

5.1. A quem nos dirigimos........................ 137

5.2. Como se fala................................ 139

5.3. As citações 147

Quando e como citar: dez regras [147] ⊚ QUADRO 15. *Exemplo de Análise Continuada de um Mesmo Texto* [155] ▪ Citações, paráfrases e plágio [155]

5.4. Notas de rodapé.............................. 158

Para que servem as notas [158] ▪ O sistema citação-nota [160] ⊛ QUADRO 16: *Exemplo de Página com Sistema Citação-Nota* [162] ⊛ QUADRO 17: *Exemplo de Bibliografia Padrão Correspondente* [162] ▪ O sistema autor-data [163] ⊛ QUADRO 18: *A Mesma Página do Quadro 16 Reformulada com o Sistema Autor-Data* [166] ⊛ QUADRO 19: *Exemplo de Bibliografia Correspondente com o Sistema Autor-Data* [166]

5.5. Advertências, armadilhas, usos................. 167

5.6. O orgulho científico.......................... 171

6. A REDAÇÃO DEFINITIVA 173

6.1. Os critérios gráficos.......................... 175

Margens e espacejamento [175] ▪ Quando sublinhar e usar maiúsculas [176] ▪ Parágrafo [178] ▪ Aspas e outros sinais [179] ▪ Sinais diacríticos e transliterações [182] ⊛ QUADRO 20. *Como Transliterar Alfabetos Não Latinos* [184] ▪ Pontuação, acentos, abreviaturas [186] ⊛ QUADRO 21. *Abreviaturas mais usuais para utilizar em nota ou no texto* [188] ▪ Alguns conselhos esparsos [190]

6.2. A bibliografia final........................... 193

6.3. Os apêndices................................ 195

6.4. O índice.................................... 197

QUADRO 22. *Modelos de Índices* [198]

7. CONCLUSÕES 201

Nota da Edição

Como se Faz uma Tese tornou-se, no correr dos anos, um "clássico" da nossa cultura acadêmica e a validade de sua permanência nos levou a adequá-lo ao Novo Acordo Ortográfico, bem como a modernizar opções de tradução que o atualizam para a leitura do estudante e do público de nossos dias. As readaptações efetuadas, segundo nosso vernáculo e as especificidades do nosso contexto cultural, destacam-se, sobretudo, no capítulo 6. Trata-se da parte que, por suas características, mais sofreu intervenções, já que alguns dos preceitos ali expostos tornaram-se obsoletos com o advento da informática e em virtude das mudanças de situação inerentes ao passar do tempo. As principais alterações dizem respeito a: 1. pontuação; 2. chamadas de nota; 3. substituição de certos títulos citados nos exemplos originais por outros, mais adequados à experiência do nosso leitor; 4. adaptação ou mesmo supressão dos trechos em que o autor aborda as regras de acentuação do italiano. Assim, com esses reparos pertinentes, a coleção Estudos oferece mais uma vez ao leitor brasileiro a possibilidade de entrar em contato com a voz, a experiência e o saber de Umberto Eco.

Apresentação
à Edição Brasileira

Obra Aberta, A Estrutura Ausente, As Formas do Conteúdo, Apocalípticos e Integrados, Tratado Geral de Semiótica, Mentiras Que Parecem Verdades, O Nome da Rosa: o filósofo, ensaísta e teórico da comunicação de massa, o comunicólogo, o semioticista, o crítico, o romancista – àquelas obras soma-se, agora, ao alcance do público brasileiro, *Como se Faz uma Tese*, que apresenta Umberto Eco enquanto professor a extrair, da sua atividade de pesquisador, os traços que alimentam sua relação com alunos na sala de aula, ou a nutrir a argúcia da sua investigação com as sugestões que brotam do quotidiano do professor. Em resumo, não se sabe a quem cabe a precedência, ao pesquisador ou ao professor, porém, *Como se Faz uma Tese* é, sem sombra de dúvida, o relato da experiência de um pesquisador traduzido, praticamente, nas fórmulas didáticas de um professor que conhece o ofício.

A experiência do professor que conhece as normas de um sistema em que a tese é uma imposição legal não permite ao autor menosprezar o ridículo de uma situação, característica da "universidade de massa", que transforma o aluno em pesquisador por obrigação para ascender profissionalmente; a esse a ironia dos "conselhos ilegais": a tese encomendada ou, a fórmula mais prática, a cópia de uma tese feita alhures e que ainda não

XII

tenha sido publicada. Tal é o risco que cerca a tese imposta pelo sistema italiano ao fim da licenciatura e como etapa obrigatória para todo aquele que pretende ingressar na vida profissional. Essa é a característica da "universidade de massa", que se opõe à "universidade de elite", superada, feita para poucos economicamente privilegiados e culturalmente eleitos pela onisciência de um professor "tutor" que se ocupa da formação dos gênios do futuro. Destinados a ser gênios deveriam ser necessariamente poucos, assim como os demais, destinados a ocupar qualquer posto profissional em um meio provinciano, poderiam ser muitos e apressados. Essas são as características da tese de licenciatura: uma imposição legal destinada a criar aquela pretensiosa dificuldade final para selecionar os futuros profissionais – a universidade de massa e seus deveres sociais.

No Brasil, a tese de licenciatura não é uma norma, constitui uma característica particular de algumas poucas escolas que se inspiraram curricularmente no modelo italiano e absorveram essa tese como um *resquício* que as particulariza, além de levar o aluno a verdadeiros malabarismos para integrar a informação de várias disciplinas ministradas isoladamente e, não raro, como compartimentos estanques.

Entre nós, ultrapassada a licenciatura que não é coroada pela fiança de uma tese, a necessidade de continuar os estudos de pós-graduação vem se impondo e com ela surge, com a mesma feição, a tese institucionalizada. Porém, seus objetivos são outros.

No Brasil, como em outras nações, a necessidade de mão de obra científica se agravou com a aceleração do desenvolvimento; a universidade absorveu, além da atividade sistemática de indagação, a preocupação de se tornar uma fonte de formação para pesquisadores altamente qualificados.

Era imperioso disciplinar a formação científica através das atividades de pós-graduação. Aí está uma das diferenças entre os sistemas italiano e o brasileiro: enquanto a tese de licenciatura italiana é a última etapa a cumprir no processo seletivo de formação de novos profissionais, a tese brasileira, apresentada na pós-graduação, constitui um exercício de pesquisa para a formação de mestres e doutores destinados a um nível de profissionalização mais especializado, quando não à formação do futuro professor, solicitado pela própria estrutura universitária cada vez mais numerosa, diversificada e procurada por todas as camadas sociais. No Brasil, as atividades de pós-graduação e seu corolário, a tese de mestrado ou doutorado, nasceram de uma urgência: a necessidade de titulação dos jovens docentes universitários e sua correspondente qualificação como pesquisadores.

Atualmente, à pós-graduação brasileira impõe-se outra alternativa: procura-se tentar um afastamento da simples formalidade de obtenção de um título, para abrir um espaço à pesquisa capaz de movimentar outras mentes e acionar novas ideias; nesse sentido, é óbvio que a grande dificuldade está em não permitir que todo o empenho se perca em rotina pouco produtiva de simples remendo da formação, cada vez mais precária, que o estudante brasileiro recebe ao longo de todos os graus do seu curso secundário e da licenciatura. No âmago da questão, dois obstáculos: a tese como imposição formal para a obtenção de um título (mestrado ou doutorado) ou de uma licença (licenciatura), e a tese como última tentativa da universidade para superar a deficiência de uma formação dada para muitos, porém preparada para poucos.

A tese e o seu paradoxo: a pesquisa e a formalidade; os núcleos de investigação e o título, ou seja, o descompasso que existe entre descobrir uma tese e fazê-la.

O atual trabalho de Umberto Eco contempla a segunda perspectiva.

Fazer tese é uma operação que se desenvolve arriscadamente, pois é assolada, com frequência, pela ronda de alguns fantasmas: *a tese panorâmica*, sem limites ou parâmetros determinados, na qual tudo cabe na extensão de mais de duzentas páginas; a *repetição das fórmulas padronizadas* pelos manuais escolares para preencher a ausência de não saber o que escrever; *a tese teórica*, que versa sobre generalidades do conhecimento universal sem qualquer relevância; *a quantificação fetichizada* por certas tendências científicas que operam mecanicamente entre tabelas e números sem nada explicar dos fenômenos reais; *as fontes bibliográficas* de segunda mão, que substituem a leitura interessada pela rapidez da informação obtida nas orelhas dos livros, nas antologias, nas resenhas jornalísticas e, não raro, nas traduções comerciais; *o tempo: mais de dez anos* (tudo indica que o trabalho prossegue, afastando-se continuamente de uma meta jamais atingida;

opera-se entre o álibi e a covardia), ou *menos de seis meses* (qualquer coisa serve, desde que se alcance o final). Sobre todos esses fantasmas predomina o resultado que caracteriza, via de regra, a tese imposta pela estrutura acadêmica: a compilação como prática inútil e desnecessária, embora, quase sempre, aceita por uma espécie de inércia e comodismo.

Para enfrentar esses fantasmas, impõe-se saber *Como se Faz uma Tese*: uma *alquimia* que se apresenta com a segurança e a dosagem de um receituário. A tese transformada em *objeto* determinado, material e institucionalmente, como um ritual: a escolha de um tema, a seleção das fontes acessíveis enquanto localização e compreensão, algum método na organização e exposição das ideias, o crivo do orientador, a redação inteligível, a apresentação, a defesa e, na melhor hipótese, algum debate. Em suma, um exercício de obviedades.

Como se Faz uma Tese é uma panaceia ditada pelo bom senso de um professor experiente que percebe a utilidade que poderá ter, para um estudante que inicia uma tarefa, a apresentação dela nas suas exatas dimensões, sem alardes, preconceitos ou exageros. A experiência do professor não lhe permite ter ilusões, daí a ironia bem-humorada que atravessa todo o livro.

Ao lado do Umberto Eco professor, reponta aqui ou ali o pesquisador que contrasta a tese como objeto com a tese como investigação. *Como fazer uma tese* cede espaço para saber *o que é uma tese*. Essa presença inquieta do pesquisador nos devolve a segura reflexão do pensamento filosófico de Eco a que nos acostumaram as obras anteriores do autor, além de apontar para um dos temas preferidos pela investigação semiótica, ou seja, a natureza da ciência, seus objetivos e limites. Além disso, pode-se considerar certa estratégia na composição da obra que procuraria despertar, no leitor ansioso de *Como se Faz uma Tese,* a curiosidade de saber o que está por trás do objeto-tese. Outra vez o professor contracena com o pesquisador para sugerir uma receita às avessas, uma antirreceita.

Se o fazer uma tese é uma imposição, norma ou lei, a tese é, paradoxalmente, uma atividade lúdica que apanha diversas perspectivas em contraponto, exacerba dinamicamente os contrastes e nos faz descobrir uma nova maneira de ler ou de ver o já visto ou lido. Peculiar originalidade, lança-se mão dos dados para inventá-los: ganha-se a *precisão do pensamento* na verticalização de um tema que se restringe para se tornar mais seguro, a *nuance da reflexão* que incorpora, sem falsa modéstia, o imprevisto, o insólito, o dissociado, a *capacidade dialética* que apreende as vozes que se dispersam na compreensão e/ou interpretação dos fenômenos.

Essas características anulam, ponto por ponto, os anteriores obstáculos que se apresentam para a feitura da tese como objeto, ou seja: a tese panorâmica e pretensiosamente teórica, a repetição das fórmulas padronizadas, o fetiche da quantificação, as fontes suspeitas.

A tese é, em primeira mão, uma descoberta da arquitetura reflexiva presente em toda investigação; logo, a ciência como atividade transforma-se na faina artística que inventa para revelar as dimensões invisíveis, incógnitas, submersas, recônditas, múltiplas, sensíveis, complexas. Ciência e arte dialogando concretamente no dia a dia de cada página que se volta nos fichamentos bibliográficos, em todo conhecimento compilado na tradução de uma hipótese, na ousadia de uma montagem metodológica, na humildade de quem desconfia do que descobriu, na segurança de poder ir além: descoberta como invenção, resposta contida na pergunta e, sobretudo, o prazer do jogo. A tese tem algo a ver com a invenção. Uma receita às avessas: a descoberta.

Esse último lance que Umberto Eco deixa, a nosso ver, propositalmente subjacente em quase todo o livro explicita-se na conclusão e apresenta, para o candidato a uma tese, uma proposta de trabalho que, sorrateiramente, vai além da própria tese.

Lucrécia D'Aléssio Ferrara

Introdução

1. Antigamente a universidade era uma universidade de elite. Apenas os filhos dos formados tinham acesso a ela. Salvo raras exceções, quem estudava dispunha de tempo integral. A universidade era concebida para ser cursada com calma, parte do tempo reservada aos estudos e parte aos "sadios" divertimentos goliardescos, ou ainda às atividades nos organismos representativos.

As lições consistiam em prestigiosas conferências, após o que os estudantes mais interessados se afastavam com os professores e assistentes para demorados seminários – dez, quinze pessoas, no máximo.

Ainda hoje, em muitas universidades americanas, um curso nunca comporta mais de dez ou vinte alunos (que pagam bem e têm o direito a "usar" o professor sempre que o desejarem, para discutir com ele). Numa universidade como a de Oxford, existe um professor, chamado *tutor,* que cuida da tese de pesquisa de um reduzido grupo de estudantes (pode suceder que tenha a seu cargo apenas um ou dois por ano) e prossegue dia após dia o seu trabalho.

Se a atual situação italiana fosse assim, não seria necessário escrever este livro – conquanto alguns dos conselhos nele contidos pudessem servir também ao estudante "ideal" acima esboçado.

XVIII

Mas a universidade italiana é, hoje, uma *universidade de massa*. A ela chegam estudantes de todas as classes, saídos dos mais diversos tipos de cursos secundários, que às vezes se matriculam em filosofia ou letras clássicas depois de haver cursado uma escola técnica, onde jamais estudaram grego ou mesmo latim. E se é verdade que o latim não tem qualquer serventia para um sem-número de atividades, em compensação ele vale muito para quem segue filosofia ou letras.

Em determinados cursos, inscrevem-se milhares de alunos. O professor mal conhece uns trinta mais assíduos e, com o auxílio de seus colaboradores (bolsistas, assistentes), consegue fazer com que uma centena deles trabalhe com regularidade. Muitos têm boa condição, crescidos que foram numa família culta, em contato com um ambiente cultural estimulante, podendo permitir-se o luxo de viagens de estudo ou de frequentar festivais artísticos e teatrais, e mesmo visitar países estrangeiros. E há os outros. São estudantes que provavelmente trabalham e passam o dia no cartório de uma cidadezinha de dez mil habitantes, onde só existem papelarias. Estudantes que, desiludidos da universidade, escolheram a atividade política e buscam outro tipo de formação, mas que, cedo ou tarde, terão de submeter-se à obrigação da tese. Estudantes muito pobres que, tendo de escolher um exame, calculam o custo dos vários testes prescritos e dizem: "Este é um exame de doze mil liras", e optam pelo mais barato. Estudantes que só vez por outra comparecem às aulas e têm dificuldade em achar uma carteira vaga na sala superlotada e que, no final da aula, desejariam falar com o professor, mas há uma fila de trinta pessoas, e têm de apanhar o trem, pois não podem ficar num hotel. Estudantes a quem nunca se explicou como procurar livros na biblioteca e em qual biblioteca: frequentemente nem sequer sabem que poderiam encontrá-los na de sua própria cidade e ignoram como se preenche uma ficha de requisição.

A eles, em especial, se destinam os conselhos contidos nesta obra. Mas valem também para o vestibulando prestes a ingressar na universidade e que gostaria de entender melhor como funciona a alquimia da tese.

A todos eles o presente livro gostaria de sugerir ao menos duas coisas:

INTRODUÇÃO XIX

◆ Pode-se preparar uma tese *digna* mesmo que se esteja numa situação difícil, que se ressente de discriminações remotas ou recentes;

◆ Pode-se utilizar a ocasião da tese (mesmo se o resto do curso universitário foi decepcionante ou frustrante) para recuperar o sentido positivo e progressivo do estudo, entendido não como coleta de noções, mas como elaboração crítica de uma experiência, aquisição de uma capacidade (útil para o futuro) de identificar os problemas, encará-los com método e expô-los segundo certas técnicas de comunicação.

2. Isso posto, esclarece-se que este livro não pretende explicar "como se faz pesquisa científica", nem constitui uma discussão teórico-crítica sobre o valor do estudo. Trata-se apenas de uma série de considerações a respeito da maneira de apresentar a uma banca examinadora um objeto físico, prescrito por lei e composto de um determinado número de páginas datilografadas, que se supõe tenha alguma relação com a disciplina em que o candidato pretende laurear-se e que não mergulhe o orientador num estado de dolorosa estupefação.

Fique claro, igualmente, que o livro não poderá dizer a ninguém o que colocar na tese. Isso corre por conta de cada um. O livro dirá apenas: (1) o que se entende por tese; (2) como escolher o tema e organizar o tempo de trabalho; (3) como levar a cabo uma pesquisa bibliográfica; (4) como dispor o material selecionado; (5) como dispor a redação do trabalho. E a parte mais precisa é justamente a última, embora possa parecer a menos importante, porque é a única para a qual existem regras bastante definidas.

3. O tipo de tese a que nos referimos neste livro é o que se efetua nas faculdades de ciências humanas. Dado que minha experiência se limita às faculdades de *letras* e *filosofia*, é natural que a maior parte dos exemplos se refira a temas nelas estudados. Mas, dentro dos limites que o livro propõe, os critérios sugeridos se prestam igualmente às teses normais de *ciências políticas, educação* e *direito*. Tratando-se de teses históricas ou de teoria geral, e não experimentais e aplicadas, o modelo servirá igualmente para arquitetura, economia e algumas faculdades de ciências. Nesses casos, porém, é necessária alguma prudência.

XX

4. Enquanto este livro estava sendo publicado, discutia-se a reforma universitária. Falava-se em dois ou três níveis de graduação.

Podemos nos perguntar se tal reforma mudará radicalmente o conceito em si de tese.

Ora, se tivermos vários níveis de graduação e se o modelo a ser utilizado for o da maioria dos países estrangeiros, verificar-se-á uma situação semelhante à descrita no primeiro capítulo (1.1.). Isto é, teremos teses de licenciatura (ou de primeiro nível) e teses de doutorado (ou de segundo nível).

Os conselhos dados aqui dizem respeito a ambas e, no caso de existirem diferenças entre uma e outra, elas serão esclarecidas. Julgamos, pois, que o que se diz nas páginas que se seguem se aplica igualmente no âmbito da reforma, em especial no âmbito de uma longa transição rumo à concretização de uma eventual reforma.

5. Cesare Segre leu os originais datilografados e fez-me algumas sugestões. Como acolhi muitas delas, e quanto a outras obstinei-me em minha posição, ele não é responsável pelo produto final. Naturalmente, agradeço-lhe de coração.

6. Uma derradeira advertência. O discurso que se segue é, obviamente, tanto para estudantes do sexo masculino quanto do sexo feminino. Como em nossa língua [italiano] não existem expressões neutras válidas para ambos os sexos (os americanos utilizam cada vez mais o termo *person*, mas para nós seria ridículo dizer "a pessoa estudante" (*la persona studente*) ou "a pessoa candidata" (*la persona candidata*), limito-me a falar sempre de *estudante, candidato, professor e orientador*. Não vai nesse uso gramatical qualquer discriminação de sexo[1].

---

1   Poder-se-á perguntar-me por que então não usei professora, candidata etc. É porque trabalhei baseado em notas e experiências pessoais e assim me identifiquei melhor.

1. Que é uma Tese e Para Que Serve

1.1. POR QUE SE DEVE FAZER UMA TESE E O QUE ELA É

Uma tese consiste num trabalho datilografado, com extensão média variando entre cem e quatrocentas laudas, no qual o estudante aborda um problema relacionado com o ramo de estudos em que pretende formar-se. Segundo a lei italiana, ela é obrigatória. Após ter terminado todos os exames prescritos, o estudante apresenta a tese perante uma banca examinadora, que ouve o comunicado do orientador (*relatore*; o professor com quem "se faz" a tese) e do ou dos membros examinadores da banca (*controrelatori*), os quais levantam algumas objeções ao candidato; nasce daí um debate que também envolve os demais membros da banca. Com base nas palavras dos dois examinadores, que atestam a qualidade (ou os defeitos) do trabalho escrito, e na capacidade demonstrada pelo candidato ao sustentar as opiniões expressas por escrito, elabora--se o veredicto da banca. Calculando ainda a média dos pontos obtidos nos exames, a comissão atribui uma nota à tese, que pode ir de um mínimo de 66 a um máximo de 110, com louvor. Tal é, ao menos, a regra seguida na quase totalidade das faculdades de ciências humanas.

Descrevemos as características "externas" do trabalho e o ritual em que se insere, mas pouco falamos quanto à natureza da tese. Antes de tudo, por que a universidade italiana exige, como condição para a formatura, uma tese?

Sabe-se que esse critério não é seguido na maioria das universidades estrangeiras. Em algumas, existem vários níveis de graduação, que podem ser atingidos sem teses; em outras, há um primeiro nível, correspondente, *grosso modo*, à nossa formatura, que não dá direito ao título de "doutor" e que pode ser atingido seja com a série de exames apenas, seja com uma pré-tese mais modesta; em outras, ainda, há diversos níveis de doutoramento, que requerem trabalhos de diferente complexidade... Em geral, porém, a tese propriamente dita é reservada a uma espécie de supraformatura, o *doutorado,* procurado só por aqueles que desejam se aperfeiçoar e especializar como pesquisadores científicos. Esse tipo de doutorado possui vários nomes, mas doravante vamos referir-nos a ele com uma sigla anglo-saxônica de uso quase internacional, PhD (que significa *Philosophy Doctor,* Doutor em Filosofia, embora designe qualquer espécie de doutor em ciências humanas, do sociólogo ao professor de grego; nas matérias não humanistas usam-se outras siglas, como, por exemplo, MD – *Medicine Doctor*).

Ao PhD se opõe algo muito parecido com nossa formatura e que passaremos a indicar com o termo "licenciatura".

A licenciatura, em suas diversas formas, encaminha o estudante para o exercício da profissão; ao contrário, o PhD o encaminha para a atividade acadêmica, isto é, quem obtém um PhD quase sempre empreende a carreira universitária.

Nas universidades desse tipo, a tese é sempre de PhD, tese de doutorado, e constitui um trabalho *original* de pesquisa, com o qual o candidato deve demonstrar ser um estudioso capaz de fazer avançar a disciplina a que se dedica. E, com efeito, ela não é elaborada, como entre nós, aos 22 anos, mas bem mais tarde, às vezes mesmo aos quarenta ou cinquenta anos (embora, é claro, existam PhDs bastante jovens). Por que tanto tempo? Porque se trata efetivamente de pesquisa *original,* onde é necessário conhecer a fundo o quanto foi dito sobre o mesmo argumento pelos demais estudiosos. Sobretudo, é necessário "descobrir" algo que ainda não foi dito por eles. Quando se fala em "descoberta", em especial no campo humanista, não cogitamos de invenções revolucionárias como a descoberta da fissão do átomo, a teoria da relatividade ou uma vacina contra o câncer: podem ser descobertas mais modestas, considerando--se resultado "científico" até mesmo uma maneira nova de ler e entender um texto clássico, a identificação de um manuscrito que lança nova luz sobre a biografia de um autor, uma reorganização e releitura de estudos precedentes que conduzem à maturação e sistematização das ideias que se encontravam dispersas em outros textos. Em qualquer caso, o estudioso deve produzir um trabalho que, teoricamente, os outros estudiosos do ramo não deveriam ignorar, porquanto diz algo de novo sobre o assunto (cf. 2.6.1.).

A tese *à italiana* é do mesmo tipo? Não necessariamente. Com efeito, sendo o mais das vezes elaborada entre os 22 e os 24 anos, ainda durante os exames universitários, não pode representar a conclusão de um trabalho longo e meditado, prova de uma completa maturação. Sucede, assim, aparecerem teses de formatura (feitas por estudantes bem dotados) que constituem verdadeiras teses de PhD, e outras que não chegam a esse nível. Nem a universidade quer semelhante coisa a todo custo: há boas teses que não são de pesquisa, mas de *compilação*.

Numa tese de compilação, o estudante apenas demonstra haver compulsado criticamente a maior parte da "literatura" existente (isto é, das publicações sobre aquele assunto) e ter sido capaz de expô-la de modo claro, buscando harmonizar os vários pontos de vista e oferecendo assim uma visão panorâmica inteligente, talvez útil sob o aspecto informativo mesmo para um especialista do ramo que, com respeito àquele problema específico, jamais tenha efetuado estudos aprofundados.

E aqui cabe uma primeira advertência: *pode-se fazer uma tese de compilação ou uma tese de pesquisa; uma tese de licen-*ciatura ou de PhD.

Uma tese de pesquisa é sempre mais longa, fatigante e absorvente; também uma tese de compilação pode ser longa e cansativa (existem trabalhos de compilação que demandaram vários anos), mas em geral exige menor tempo e menor risco.

Não quer isso dizer que quem faz uma tese de compilação feche o caminho para a pesquisa; a compilação pode constituir um ato de seriedade da parte do jovem pesquisador que, antes de propriamente iniciar a pesquisa, deseja esclarecer algumas ideias, documentando-se bem.

4

Por outro lado, existem teses pretensamente de pesquisa que, ao contrário, feitas às pressas, são de má qualidade, irritam o leitor e em nada beneficiam quem as elabora.

Assim, pois, a escolha entre tese de compilação e tese de pesquisa prende-se à maturidade e à capacidade de trabalho do candidato. Com frequência – e lamentavelmente – está ligada também a fatores econômicos, pois sem dúvida um estudante que trabalha dispõe de menos tempo, energia e até dinheiro para se dedicar a longas pesquisas (que muitas vezes implicam a aquisição de livros raros e caros, viagem para centros ou bibliotecas estrangeiros, e por aí afora).

Contudo, não podemos, no presente livro, dar conselhos de ordem econômica. Até pouco tempo a pesquisa era, no mundo inteiro, privilégio de estudantes abastados. Também não se pode dizer que a simples existência de bolsas de estudo, bolsas de viagem, manutenção em universidades estrangeiras etc., resolvam o problema de todos. O ideal seria uma sociedade mais justa, onde estudar fosse trabalho pago pelo Estado àqueles que verdadeiramente tivessem vocação para o estudo e em que não fosse necessário ter a todo custo o "canudo" para se arranjar emprego, obter promoção ou passar à frente dos outros num concurso.

Mas a universidade italiana, e a sociedade que ela espelha, é por ora aquilo que sabemos; resta-nos tão-somente fazer votos que os estudantes de todas as classes consigam frequentá-la sem sacrifícios desgastantes e explicar as maneiras de se fazer uma boa tese, calculando o tempo e as energias disponíveis e também a vocação de cada um.

1.2. A QUEM INTERESSA ESTE LIVRO

Nessas condições, podemos pensar que existem inúmeros estudantes *obrigados* a preparar uma tese para se formar logo e obter um ascenso na sua vida acadêmica ou social, fator que os levou a se matricular na universidade. Alguns desses estudantes têm quarenta anos. Eles pedem instruções sobre como preparar uma tese *em um mês* para tirarem uma nota qualquer e saírem da universidade. Cumpre-nos esclarecer agora que este livro *não é para eles*. Se essas são as suas necessidades, se são vítimas de uma legislação paradoxal que os obriga a doutorar-se para resolver dolorosas questões

QUE É UMA TESE E PARA QUE SERVE 5

econômicas, é preferível optarem por uma das seguintes vias: (1) investir uma quantia razoável para que outros façam a tese por eles; (2) copiar uma tese já pronta há alguns anos em outra universidade (não convém copiar uma obra já publicada, mesmo numa língua estrangeira, pois se o docente for razoavelmente bem informado deverá saber de sua existência; mas copiar em Milão uma tese feita em Catânia oferece razoáveis possibilidades de êxito; naturalmente, é necessário informar-se primeiro se o orientador da tese, antes de lecionar em Milão, não deu aula em Catânia: donde mesmo copiar uma tese implica um inteligente trabalho de pesquisa).

Claro está que os dois conselhos acima são *ilegais*. Seria como dizer: "Se você for ao pronto-socorro, ferido, e o médico se recusar a atendê-lo, meta-lhe uma faca na garganta". Em ambos os casos, trata-se de atos de desespero. Nosso conselho foi dado, paradoxalmente, para reafirmar que este livro não intenta resolver os graves problemas de estrutura social e de legislação existentes.

Destina-se àqueles que, mesmo não sendo milionários e não tendo à disposição dez anos para formar-se, depois de haver corrido o mundo todo, com uma razoável possibilidade de dedicar algumas horas diárias ao estudo, querem preparar uma tese que lhes dê certa satisfação intelectual e lhes sirva também depois da formatura. E que, fixados os limites, mesmo modestos, do empenho próprio, querem realizar um trabalho *sério*. Pode-se executar seriamente até uma coleção de figurinhas: basta fixar o tema, os critérios de catalogação, os limites históricos da coleção. Decidindo-se não remontar aquém de 1960, ótimo, pois de lá para cá não faltam figurinhas. Haverá sempre uma diferença entre essa coleção e o Museu do Louvre, mas melhor do que fazer um museu pouco sério é empenhar-se a sério numa coleção de figurinhas de jogadores de futebol de 1960 a 1970. Tal critério é igualmente válido para uma tese de doutoramento.

1.3. COMO UMA TESE PODE SERVIR TAMBÉM APÓS A FORMATURA

Há duas maneiras de fazer uma tese que se torne útil também após a formatura. A primeira é fazer dela o início de uma pesquisa mais ampla, que prosseguirá nos anos seguintes, desde que haja oportunidade e interesse nisso.

Mas há também uma segunda maneira, que pode ajudar o diretor de um organismo de turismo local em sua profissão, mesmo que tenha elaborado uma tese com o título: "*De Fermo e Lucia a Os Noivos*". Com efeito, elaborar uma tese significa: (1) identificar um tema preciso; (2) recolher documentação sobre ele; (3) pôr em ordem esses documentos; (4) reexaminar em primeira mão o tema à luz da documentação recolhida; (5) dar forma orgânica a todas as reflexões precedentes; (6) empenhar-se para que o leitor compreenda o que se quis dizer e possa, se for o caso, recorrer à mesma documentação a fim de retomar o tema por conta própria.

Fazer uma tese significa, pois, aprender a pôr ordem nas próprias ideias e ordenar os dados: é uma experiência de trabalho metódico; quer dizer, construir um "objeto" que, como princípio, possa também servir aos outros. Assim, *o tema da tese não importa tanto quanto a experiência de trabalho que ela comporta*. Quem soube documentar-se bem sobre a dupla redação do romance de Manzoni saberá depois recolher com método os dados que lhe servirão no organismo turístico. O autor destas linhas já publicou uma dezena de livros sobre vários assuntos, mas se logrou executar os últimos nove é porque aproveitou sobretudo a experiência do primeiro, que era uma reelaboração de sua tese de formatura. Sem aquele primeiro trabalho, não teria conseguido fazer os demais. E, bem ou mal, eles refletem ainda a maneira como aquele foi elaborado. Com o tempo, tornamo-nos mais maduros, vamos conhecendo mais coisas, porém o modo como trabalhamos o que sabemos sempre dependerá da forma como estudamos no início muitas coisas que ignorávamos.

Enfim, elaborar uma tese é como exercitar a memória. Temo-la boa quando velhos se a exercitamos desde a juventude. E não importa se a exercitamos decorando os nomes dos jogadores dos times da Divisão Especial, os poemas de Carducci ou a série de imperadores romanos de Augusto e Rômulo Augusto. Por certo, se o caso for aprimorar a memória, é melhor aprender coisas que nos interessam ou nos sirvam: mas, por vezes, mesmo aprender coisas inúteis constitui bom exercício. Analogamente, embora seja melhor fazer uma tese sobre um tema que nos agrade, ele é secundário com respeito ao método de trabalho e à experiência daí advinda.

Ainda mais: trabalhando-se bem, não existe tema que seja verdadeiramente estúpido. Conclusões úteis podem ser extraídas de um tema aparentemente remoto ou periférico. A tese de Marx não foi sobre economia política, mas sobre dois filósofos gregos, Epicuro e Demócrito. E isso não foi um acidente de trabalho. Marx foi, talvez, capaz de analisar os problemas da história e da economia com a energia teórica que conhecemos exatamente porque aprendeu a pensar sobre os seus filósofos gregos.

Diante de tantos estudantes que se iniciam com uma tese ambiciosíssima sobre Marx e acabam num escritório das grandes empresas capitalistas, é preciso rever os conceitos que se tem sobre utilidade, atualidade e envolvimento dos temas de tese.

1.4. QUATRO REGRAS ÓBVIAS

Pode acontecer que o candidato faça a tese sobre um tema imposto pelo professor. Tais coisas devem ser evitadas.

Não estamos nos referindo, evidentemente, aos casos em que o candidato busca o conselho do mestre. Aludimos, antes, ou àqueles em que a culpa é do professor (ver 2.7., "Como evitar ser explorado pelo orientador") ou àqueles em que a culpa cabe ao candidato, privado de interesse e disposto a fazer mal qualquer coisa para se ver livre dela o mais depressa possível.

Ocupar-nos-emos daquelas situações em que se presume a existência de um candidato movido por certos interesses e um professor disposto a interpretar suas exigências.

Nesses casos, as regras para a escolha do tema são quatro:

1. *Que o tema responda aos interesses do candidato* (ligado tanto ao tipo de exame quanto às suas leituras, sua atitude política, cultural ou religiosa);
2. *Que as fontes de consulta sejam acessíveis,* isto é, estejam ao alcance material do candidato;
3. *Que as fontes de consulta sejam manejáveis,* ou seja, estejam ao alcance cultural do candidato;
4. *Que o quadro metodológico da pesquisa esteja ao alcance da experiência do candidato.*

Assim expostas, essas quatro regras parecem banais e resumíveis na norma "quem quer fazer uma tese deve fazer uma tese que esteja à altura de fazer". E, de fato, é exatamente assim, e sabe-se de teses dramaticamente abortadas justo porque não se soube colocar o problema inicial em termos tão óbvios[1].

Os capítulos que se seguem tentarão fornecer alguns conselhos para que a tese a ser feita seja uma tese que se saiba e se possa fazer.

---

1   Poderemos acrescentar uma quinta regra: *que o professor seja adequado*. Com efeito, há candidatos que, por motivos de simpatia ou preguiça, querem fazer com o docente da matéria A uma tese que, em verdade, é da matéria B. O docente aceita (por simpatia, vaidade ou desatenção) e depois não se vê à altura de seguir a tese.

2. A Escolha do Tema

2.1. TESE MONOGRÁFICA OU TESE PANORÂMICA?

A primeira tentação do estudante é fazer uma tese que fale de muitas coisas. Interessado por literatura, seu primeiro impulso é escrever algo como *A Literatura Hoje*. Tendo de restringir o tema, escolherá *A Literatura Italiana do Pós-Guerra aos Anos Sessenta*.

Teses desse tipo são perigosíssimas. Estudiosos bem mais velhos se sentem abalados diante de tais temas. Para quem tem vinte anos, o desafio é impossível. Ou elaborará uma enfadonha resenha de nomes e opiniões correntes ou dará à sua obra um corte original e se verá acusado de imperdoáveis omissões. O grande crítico contemporâneo Gianfranco Contini publicou em 1957 uma *Literatura Italiana dos Séculos XVIII e XIX* (Sansoni Accademia). Pois bem, caso se tratasse de uma tese, ele seria reprovado, embora seu trabalho conte com 472 páginas impressas. De fato, poder-se-ia acusá-lo de descuido ou ignorância por não haver citado nomes que a maioria considera muito importantes ou de haver dedicado capítulos inteiros a autores considerados "menores" e breves notas de rodapé a autores tidos por "maiores". Naturalmente, tratando-se de um estudioso cujo preparo teórico e argúcia crítica são bem conhecidos, todos compreenderam que

10

tais exclusões e desproporções eram intencionais, e que a ausência era criticamente muito mais eloquente do que uma página de crítica impiedosa e demolidora. Mas se a mesma brincadeira for feita por um estudante de 22 anos, quem garantirá que em seu silêncio haja muita malícia e que as omissões substituem páginas críticas escritas alhures – ou que o autor *sabia* escrever?

Em teses desse gênero, o estudante costuma acusar os membros da banca de não tê-lo compreendido, mas estes *não podiam* compreendê-lo, razão pela qual uma tese muito panorâmica constitui sempre um ato de orgulho. Não que o orgulho intelectual – numa tese – deva ser condenado *a priori.* Pode-se mesmo dizer que Dante era um mau poeta, mas cumpre dizê-lo depois de pelo menos trezentas páginas de cerradas análises dos textos dantescos. Essas demonstrações, numa tese panorâmica, não podem ser feitas. Eis por que seria então oportuno que o estudante, em vez de *A Literatura Italiana do Pós-Guerra aos Anos Sessenta,* escolhesse um título mais modesto.

Digo-lhes já qual seria a ideal: não *Os Romances de Fenoglio,* mas *As Diversas Redações de "Il partigiano Johnny".* Enfadonho? É possível, mas como desafio é mais interessante.

Pensando bem, trata-se de um ato de velhacaria. Com uma tese panorâmica sobre a literatura de quatro décadas, o estudante se expõe a toda sorte de contestações possíveis. Poderá o orientador, ou um simples membro da banca, resistir à tentação de alardear seu conhecimento de um autor menor não citado pelo estudante? Bastará que os membros da banca, consultando o índice, descubram três omissões para que o estudante se torne alvo de uma rajada de acusações que fará sua tese parecer um conglomerado de coisas dispersas. Se, ao contrário, ele tiver trabalhado seriamente sobre um tema bastante preciso, estará às voltas com um material ignorado pela maior parte dos juízes. Não estou aqui sugerindo um truquezinho reles; talvez seja um truque, mas não reles, porque exige esforço. Acontece apenas que o candidato se mostra "esperto" diante de uma plateia menos experta que ele e, visto ter-se esforçado para se tornar experto, nada mais justo que gozar as vantagens de semelhante situação.

Entre os dois extremos da tese panorâmica sobre quatro décadas de literatura e da tese rigidamente monográfica sobre variantes de um texto curto existem muitos estados intermediários.

A ESCOLHA DO TEMA

Poder-se-ão, assim, determinar temas como *A Neovanguarda Literária dos Anos Sessenta*, ou *A Imagem da Langhe em Pavese e Fenoglio*, ou ainda *Afinidades e Diferenças em Três Autores "Fantásticos": Savinio, Buzzati e Landolfi.*

Passando às faculdades científicas, damos um conselho aplicável a todas as matérias:

O tema *geologia*, por exemplo, é muito amplo. *Vulcanologia*, como ramo daquela disciplina, é também bastante abrangente. Os *Vulcões do México* poderiam ser tratados num exercício bom, porém um tanto superficial. Limitando-se ainda mais o assunto, teríamos um estudo mais valioso: *A História do Popocatepetl* (que um dos companheiros de Cortez deve ter escalado em 1519 e que só teve uma erupção violenta em 1702). Tema mais restrito, que diz respeito a um menor número de anos, seria *O Nascimento e a Morte Aparente do Paricutin* (de 20 de fevereiro de 1943 a 4 de março de 1952)[1].

Aconselharia o último tema. Mas desde que, então, o candidato diga tudo o que for possível sobre o maldito vulcão.

Há algum tempo, procurou-me um estudante que queria fazer sua tese sobre *O Símbolo no Pensamento Contemporâneo*. Era uma tese impossível. Eu, pelo menos, não sabia o que poderia ser "símbolo": esse termo muda de significado conforme o autor e, às vezes, em dois autores diferentes, pode querer dizer duas coisas absolutamente opostas. Não se esqueça que, por símbolo, os lógicos formais ou os matemáticos entendem expressões privadas de significado, que ocupam um lugar definido, uma função precisa, num dado cálculo formalizado (como os a e b ou x e y das fórmulas algébricas); enquanto outros autores entendem uma forma cheia de significados ambíguos, como ocorre nos sonhos, que podem referir-se a uma árvore, a um órgão sexual, ao desejo de prosperar etc. Como, pois, fazer uma tese com semelhante título? Seria preciso analisar todas as acepções do símbolo na cultura contemporânea, fazer uma lista que pusesse em evidência as afinidades e discrepâncias dessas acepções, esmiuçar se sob as discrepâncias não existe um conceito unitário fundamental, recorrente em cada autor e cada teoria, e se as diferenças não tornam incompatíveis entre si as teorias em questão. Pois bem, nenhum filósofo, linguista ou

---

1 C.W. Cooper e E.J. Robins, *The Term Paper: A Manual and Model*, Stanford, Stanford University Press, 4.ª ed., 1967, p. 3.

psicanalista contemporâneo conseguiu ainda fazer uma obra dessa envergadura de modo satisfatório. Como poderá se sair melhor um estudante que mal começa a terçar armas e que, por precoce que seja, não tem mais de seis ou sete anos de leitura adulta nas costas? Poderia ele, ainda, fazer um discurso parcialmente inteligente, mas estaríamos de novo no mesmo caso da literatura italiana de Contini. Ou poderia propor uma teoria pessoal do símbolo, deixando de lado tudo quanto haviam dito os demais autores: no parágrafo 2.2., todavia, diremos o quão discutível é essa escolha. Conversamos com o estudante em questão: seria o caso de elaborar uma tese sobre o símbolo em Freud e Jung, abandonando todas as outras acepções e confrontando unicamente as desses dois autores. Mas descobrimos que o estudante não sabia alemão (e sobre o problema do conhecimento de línguas estrangeiras, voltaremos a falar no parágrafo 2.5.). Decidiu-se, então, que ele se limitaria ao termo *O Conceito de Símbolo em Peirce, Frye e Jung*. A tese examinaria as diferenças entre três conceitos homônimos em outros tantos autores, um filósofo, um crítico e um psicólogo; mostraria como, em muitas análises sobre esses três autores, são cometidos inúmeros equívocos, pois se atribui a um o significado usado por outro. Só no final, como conclusão hipotética, o candidato procuraria extrair um resultado para mostrar se existiam analogias, e quais, entre aqueles três conceitos homônimos, aludindo também a outros autores de seu conhecimento, de quem, por explícita limitação do tema, não quisera e não pudera ocupar-se. Ninguém poderia dizer-lhe que não levara em conta o autor k, porque a tese era sobre x, y e z, nem que citara o autor j apenas em tradução, pois se tratara de simples menção, para concluir, uma vez que a tese pretendia estudar amplamente e no original unicamente os três autores citados no título.

Eis aí como uma tese panorâmica, sem se tornar rigorosamente monográfica, se reduzia a um meio termo, aceitável por todos.

Fique claro, ainda, que o termo "monográfico" pode ter uma acepção mais vasta que a usada aqui. Uma monografia é a abordagem de um só tema, como tal se opondo a uma "história de", a um manual, a uma enciclopédia. Daí ser também monográfico um tema como *O Tema do "Mundo às Avessas" nos Escritores Medievais*. Muitos são os escritores analisados, mas apenas do ponto de vista de um tema específico (isto é, da hipótese imaginária, proposta a título de exemplo, de paradoxo ou de fábula, de que os peixes voam, os pássaros nadam etc.). Se bem executado, esse trabalho poderia dar uma ótima monografia. Mas, para tanto, é preciso levar em conta todos os escritores que trataram o tema, em especial os menores, aqueles de quem ninguém se lembra. Assim, tal tese se classificaria como monográfico-panorâmica e seria dificílima: exigiria uma infinidade de leituras. Caso se pretendesse fazê-la de qualquer modo, seria então forçoso restringir o campo: *O Tema do "Mundo às Avessas" nos Poetas Carolíngios*. Restringe-se um campo quando se sabe o que conservar e o que escoimar.

Claro está que é muito mais excitante fazer a tese panorâmica, pois que antes de tudo parece enfadonho ocupar-se durante um, dois ou três anos sempre do mesmo autor. Mas deve-se ter em mente que fazer uma tese rigorosamente monográfica não significa perder de vista o panorama. Fazer uma tese sobre a narrativa de Fenoglio significa ter presente o realismo italiano, não deixar de ler Pavese ou Vittorini, bem como analisar escritores americanos lidos e traduzidos por Fenoglio. Só explicamos e entendemos um autor quando o inserimos num panorama. Mas uma coisa é usar um panorama como pano de fundo, e outra é elaborar um quadro panorâmico. Uma coisa é pintar o retrato de um cavalheiro sobre o fundo de um campo cortado por um regato, e outra é pintar campos, vales e regatos. Tem de mudar a técnica, tem de mudar, em termos fotográficos, o foco. Partindo-se de um único autor, o panorama pode afigurar-se um tanto desfocado, incompleto ou de segunda mão.

Em suma, recordemos este princípio fundamental: *quanto mais se restringe o campo, melhor e com mais segurança se trabalha.* Uma tese monográfica é preferível a uma tese panorâmica. É melhor que a tese se assemelhe a um ensaio do que a uma história ou a uma enciclopédia.

2.2. TESE HISTÓRICA OU TESE TEÓRICA?

Essa alternativa só vale para algumas matérias. Com efeito, em disciplinas como história da matemática, filologia românica ou história da literatura alemã, uma tese só pode ser histórica. Em outras, como composição arquitetônica, física do reator nuclear ou anatomia comparada, fazem-se comumente teses teóricas ou experimentais. Mas há outras disciplinas, como filosofia teorética, sociologia, antropologia cultural, estética, filosofia do direito, pedagogia e direito internacional, em que é possível fazer os dois tipos de tese.

Uma tese teórica é aquela que se propõe atacar um problema abstrato, que pode já ter sido ou não objeto de outras reflexões: a natureza da vontade humana, o conceito de liberdade, a noção de papel social, a existência de Deus, o código genético. Enumerados assim, esses temas fazem imediatamente sorrir, pois se pensa naqueles tipos de abordagem a que Gramsci chamava "breves acenos ao universo". Insignes pensadores, contudo, se debruçaram sobre esses temas. Mas, afora raras exceções, fizeram-no como conclusão de um trabalho de meditação de várias décadas.

Nas mãos de um estudante com experiência científica necessariamente limitada, tais temas podem dar origem a duas soluções. A primeira (que é ainda a menos trágica) é fazer a tese definida (no parágrafo anterior) como "panorâmica". É tratado o conceito de papel social, mas em diversos autores. E, a esse respeito, valem as observações já feitas. A segunda solução preocupa mais, porque o candidato presume poder resolver, no âmbito de umas poucas páginas, o problema de Deus e da definição de liberdade. Minha experiência me diz que os estudantes que escolhem temas do gênero acabam por fazer teses brevíssimas, destituídas de apreciável organização interna, mais próximas de um poema lírico do que de um estudo científico. E, geralmente, quando se objeta ao candidato que o discurso está demasiado personalizado, genérico, informal, privado de verificações historiográficas e citações, ele responde que não foi compreendido, que sua tese é muito mais inteligente que outros exercícios de banal compilação. Isso pode ser verdade; contudo, ainda uma vez, a experiência ensina que quase sempre essa resposta provém de um candidato com ideias confusas, sem humildade científica nem capacidade de comunicação. O que se deve entender por humildade científica (que não é uma virtude para os fracos, mas, ao contrário, uma virtude das pessoas orgulhosas) será dito no parágrafo 4.2.4. É certo que não se pode excluir que o candidato seja um gênio que, com apenas 22 anos, tenha compreendido tudo, e é evidente que estou admitindo essa

A ESCOLHA DO TEMA 15

hipótese sem qualquer sombra de ironia. Sabe-se que quando um gênio desses surge na face da Terra a humanidade não toma consciência dele de uma hora para outra; sua obra é lida e digerida durante alguns anos antes que se descubra a sua grandeza. Como pretender que uma banca ocupada em examinar não uma, mas inúmeras teses, se aperceba imediatamente da magnitude desse corredor solitário?

Mas suponhamos a hipótese de o estudante estar cônscio de ter compreendido um problema capital: dado que nada provém do nada, ele terá elaborado seus pensamentos sob a influência de outros autores. Transforma então sua tese teórica em tese historiográfica, isto é, deixa de lado o problema do ser, a noção de liberdade ou o conceito de ação social, para desenvolver temas como *O Problema do Ser no Primeiro Heidegger, A Noção de Liberdade em Kant* ou *O Conceito de Ação Social em Parsons*. Se tiver ideias originais, estas virão à tona também no confronto com as ideias do autor tratado: muita coisa nova se pode dizer sobre a liberdade estudando-se a maneira como outro a abordou. E, se quiser, aquilo que deveria ser a tese teorética do candidato se tornará o capítulo final de sua tese historiográfica. O resultado será que todos poderão controlar o que ele disse, pois os conceitos (referidos a um pensador precedente) que põe em jogo serão publicamente controláveis. É difícil mover-se no vácuo e instituir um discurso *ab initio*. Cumpre encontrar um ponto de apoio, principalmente para problemas tão vagos como a noção de ser ou de liberdade. Mesmo para o gênio, e sobretudo para ele, nada há de humilhante em partir de outro autor, pois isso não significa fetichizá-lo, adorá-lo ou reproduzir sem crítica as suas afirmações; pode-se partir de um autor para demonstrar seus erros e limitações. A questão é ter um ponto de apoio. Os medievais, com seu exagerado respeito pela autoridade dos autores antigos, diziam que os modernos, embora ao seu lado fossem "anões", apoiando-se naqueles tornavam-se "anões em ombros de gigantes", e, desse modo, viam mais além do que seus predecessores.

Todas essas observações não são válidas para matérias aplicadas e experimentais. Numa tese de psicologia, a alternativa não é entre *O Problema da Percepção em Piaget* e *O Problema da Percepção* (ainda que algum imprudente quisesse propor um tema tão genericamente perigoso). A alternativa para a tese

16

historiográfica é, antes, a tese experimental: *A Percepção das Cores em um Grupo de Crianças Deficientes.* Aqui, o discurso muda, pois há o direito de enfrentar experimentalmente uma questão a fim de obter um método de pesquisa e trabalhar em condições razoáveis de laboratório, com a devida assistência. Mas um pesquisador experimental imbuído de coragem não começa a controlar a reação de seus pesquisados sem antes haver executado pelo menos um trabalho panorâmico (exame de estudos análogos já feitos), porquanto de outra forma se arriscaria a descobrir a América e a demonstrar algo já amplamente demonstrado ou a aplicar métodos que já se revelaram falíveis (embora possa constituir objeto de pesquisa o novo controle de um método que ainda não tenha dado resultados satisfatórios). Portanto, uma tese de caráter experimental não pode ser feita com recursos inteiramente próprios, nem o método pode ser inventado. Mais uma vez se deve partir do princípio de que, se se for um anão inteligente, é melhor subir aos ombros de um gigante qualquer, mesmo se for de altura modesta, ou mesmo de outro anão. Haverá sempre ocasião de caminhar por si mesmo, mais tarde.

2.3. TEMAS ANTIGOS OU TEMAS CONTEMPORÂNEOS?

Enfrentar essa questão é como reavivar a antiga *querelle des anciens et des modernes...* Com efeito, o problema inexiste em muitas disciplinas (se bem que uma tese de história da literatura latina possa tratar tão bem de Horácio como da situação dos estudos horacianos nas duas últimas décadas). Em compensação, é por demais evidente que, quando alguém se forma em história da literatura italiana contemporânea, não haja alternativa.

Todavia, não é raro o caso do estudante que, aconselhado pelo professor de literatura italiana a fazer sua tese sobre um petrarquiano quinhentista ou sobre um árcade, prefira temas como Pavese, Bassani, Sanguineti. Muitas vezes essa escolha nasce de uma autêntica vocação e é difícil contestá-la. Outras provêm da falsa impressão de que um autor contemporâneo é mais fácil e agradável.

A ESCOLHA DO TEMA

Digamos desde já que *o autor contemporâneo é sempre mais difícil*. É certo que geralmente existe uma bibliografia mais reduzida, os textos são de mais fácil acesso, a primeira fase da documentação pode ser consultada à beira-mar com um bom romance nas mãos, em vez de fechado numa biblioteca. Mas ou se faz uma tese remendada, simplesmente repetindo o que disseram outros críticos e então não há mais nada a dizer (e, se quisermos, podemos fazer uma tese ainda mais remendada sobre um petrarquiano quinhentista), ou se faz algo de novo, e então apercebemo-nos de que sobre o autor antigo existem pelo menos esquemas interpretativos seguros aos quais podemos nos referir, enquanto para o autor moderno as opiniões ainda são vagas e contraditórias, a nossa capacidade crítica é falseada pela falta de perspectiva e tudo se torna extremamente difícil.

Não há dúvida de que o autor antigo impõe uma leitura mais fatigante, uma pesquisa bibliográfica mais atenta, mas os títulos são menos dispersos e existem quadros bibliográficos já completos. Contudo, se a tese for entendida como a ocasião para aprender a elaborar uma pesquisa, o autor antigo coloca maiores obstáculos.

Se, além disso, o estudante inclinar-se para a crítica contemporânea, pode a tese constituir-se na derradeira oportunidade de um confronto com a literatura do passado, para exercitar o próprio gosto e a capacidade de leitura. Eis por que não se deve deixar escapar semelhante oportunidade. Muitos dos grandes escritores contemporâneos, mesmo de vanguarda, jamais fizeram teses sobre Montale ou Pound, mas sobre Dante ou Foscolo. Não há, decerto, regras precisas, e um valente pesquisador pode levar a cabo uma análise histórica ou estilística sobre um autor contemporâneo com a mesma acuidade e exatidão filológica exigidas para um autor antigo.

Por outro lado, o problema varia de disciplina para disciplina. Em filosofia, uma tese sobre Husserl coloca mais entraves do que uma sobre Descartes, invertendo-se a relação de "facilidade" e "leitura": lê-se melhor Pascal que Carnap.

Por isso o único conselho que me sinto capaz de fornecer é *trabalhe sobre um contemporâneo como se fosse um antigo, e vice--versa*. Será mais agradável e você fará um trabalho mais sério.

2.4. QUANTO TEMPO É REQUERIDO PARA SE FAZER UMA TESE?

Digamo-lo desde já: *não mais de três anos e não menos de seis meses*. *Não mais de três anos* porque, se nesse prazo não se conseguiu circunscrever o tema e encontrar a documentação necessária, uma destas três coisas terá acontecido:

1. escolhemos a tese errada, superior às nossas forças;
2. somos do tipo incontentável, que deseja dizer tudo, e continuamos a martelar a tese por vinte anos, ao passo que um estudioso hábil deve ser capaz de ater-se a certos limites, embora modestos, e dentro deles produzir algo de definitivo;
3. fomos vítimas da "neurose da tese": deixamo-la de lado, retomamo-la, sentimo-nos irrealizados, entramos num estado de depressão, valemo-nos da tese como álibi para muitas covardias, não nos formamos nunca.

Não menos de seis meses porque, ainda que se queira apresentar o equivalente a um bom ensaio de revista com não mais de sessenta laudas, entre o plano de trabalho, a pesquisa bibliográfica, a coleta de documentos e a execução do texto passam-se facilmente seis meses. Por certo, um estudioso mais maduro consegue escrever um ensaio em tempo menor, mas conta com uma retaguarda de anos e anos de leitura e conhecimentos que o estudante precisa edificar do nada.

Quando se fala em seis meses ou três anos, pensa-se naturalmente não no tempo da redação definitiva, que pode levar um mês ou quinze dias, segundo o método adotado; pensa-se naquele período entre o surgimento da primeira ideia da tese e sua apresentação final. Pode suceder, também, que o estudante trabalhe efetivamente na tese durante um ano apenas, mas aproveitando as ideias e as leituras que, sem saber onde chegaria, acumulara nos dois anos precedentes.

O ideal, a meu ver, seria *escolher a tese* (com o auxílio do respectivo orientador) *por volta do final do segundo ano de estudos*. A essa altura, o estudante já está mais familiarizado com as diversas matérias, inteirado do tema, das dificuldades etc. Uma escolha tão tempestiva não é nem comprometedora nem irremediável.

A ESCOLHA DO TEMA

Tem-se ainda muito tempo pela frente para compreender que a ideia não era boa e mudar o tema, o orientador e até a disciplina. E convém não esquecer que gastar um ano inteiro numa tese sobre literatura grega para depois perceber que, em realidade, se prefere uma sobre história contemporânea não significa total perda de tempo: ter-se-á ao menos aprendido a formar uma bibliografia básica, a fichar um texto e organizar um sumário. Recorde-se o que foi dito em 1.3.: uma tese serve sobretudo para ensinar a coordenar ideias, independentemente do tema tratado.

Escolhendo, assim, a tese aí pelo fim do segundo ano do curso, tem-se um bom prazo para se dedicar à pesquisa e mesmo a viagens de estudo. Pode-se ainda escolher os programas dos exames *com vistas à tese*. É claro que, se fizer uma tese de psicologia experimental, seria difícil conciliá-la com um exame de literatura latina; mas em muitas outras disciplinas de caráter filosófico e sociológico é possível chegar-se a um acordo com o professor sobre alguns textos, talvez em substituição aos prescritos, que façam inserir a matéria do exame no âmbito do interesse dominante. Quando isso é possível sem contorcionismos dialéticos ou truques pueris, um mestre inteligente preferirá sempre que o aluno prepare um exame "motivado" e orientado em vez de um exame casual, forçado, sem paixão, objetivando tão só superar um obstáculo irremovível.

Escolher a tese no fim do segundo ano significa, pois, ter o tempo suficiente para se formar no prazo ideal.

Mas nada impede que a tese seja escolhida antes. Nem depois, se se aceitar a ideia de gastar mais algum tempo no curso. Nada, porém, aconselha a escolhê-la demasiado tarde.

Até porque uma boa tese deve ser discutida passo a passo com o orientador, nos limites do possível. E não para lisonjear o mestre, mas porque escrever uma tese é como escrever um livro, é um exercício de comunicação que presume a existência de um público: e o orientador é a única amostra de público competente à disposição do aluno no curso de seu trabalho. Uma tese de última hora obriga o orientador a devorar rapidamente os capítulos ou a obra já pronta. Caso a veja no último momento e não goste, poderá criar dificuldades ao candidato na banca examinadora, com resultados bem desagradáveis. Desagradáveis também para ele, que nunca deveria chegar à banca com uma tese que não lhe agrade. Isso é motivo de descrédito para qualquer orientador. Se este perceber que as coisas vão mal, deve aconselhar o candidato a partir para uma nova tese ou esperar um pouco. Caso o estudante, apesar dos conselhos, ache que o orientador está errado ou que o tempo lhe é adverso, ver-se-á da mesma maneira às voltas com uma discussão tempestuosa, mas ao menos estará prevenido.

De todas essas observações, deduz-se que a tese de seis meses, mesmo admitida a título de mal menor, não representa de forma alguma o *optimum* (a menos que, como se disse, o tema escolhido nos últimos seis meses permita a utilização da experiência adquirida nos anos precedentes).

Todavia, há casos que precisam ser solucionados em seis meses. É então que se deve procurar um tema capaz de ser abordado de maneira séria e digna em tão reduzido lapso de tempo. Gostaria que todo esse discurso não fosse tomado em sentido muito "comercial", como se estivéssemos vendendo "teses de seis meses" ou "teses de seis anos" a preços diferentes e para qualquer tipo de cliente. Mas não resta dúvida que é possível ter uma boa tese de seis meses.

Seus requisitos são:

1. o tema deve ser circunscrito;
2. o tema deve ser, se possível, atual, não exigindo bibliografia que remonte aos gregos; ou deve ser tema marginal, sobre o qual pouca coisa foi escrita;
3. todos os documentos devem estar disponíveis num local determinado, onde a consulta seja fácil.

Vamos a alguns exemplos. Se escolho para tema *A Igreja de Santa Maria do Castelo de Alexandria,* posso esperar encontrar tudo o que preciso para reconstruir a história e as peripécias das restaurações na biblioteca municipal de Alexandria e nos arquivos locais. Digo "posso esperar" porque estou fazendo uma hipótese, e ponho-me na situação do estudante que procura fazer uma tese de seis meses. Antes, porém, de ir avante com o projeto, devo informar-me para verificar se tal hipótese é válida. E mais: deverei ser um estudante que mora na província italiana de Alexandria; se moro em Caltanissetta, terei tido uma péssima ideia. E há outro "mas". Caso haja alguns documentos disponíveis, mas na forma

A ESCOLHA DO TEMA

de manuscritos medievais inéditos, deverei conhecer um pouco de paleologia, isto é, dispor de uma técnica de leitura e decifração de manuscritos. E eis que o tema, que parecia tão fácil, se torna difícil. Se, pelo contrário, descubro que tudo já foi publicado, pelo menos a partir do século XVIII, sinto-me mais seguro.

Outro exemplo: Raffaele La Capria é um escritor contemporâneo que escreveu apenas três romances e um livro de ensaios. Todos foram publicados pelo mesmo editor, Bompiani. Imaginemos uma tese com o título *A Obra de Raffaele La Capria e a Crítica Italiana Contemporânea*. Como todo editor costuma ter, em seus arquivos, recortes de jornais com todos os artigos e críticas publicados sobre o autor, posso esperar que umas poucas idas à editora, em Milão, bastem para um fichamento da totalidade dos textos que me interessam. Ademais, o autor está vivo, posso escrever-lhe ou entrevistá-lo, obtendo outras indicações bibliográficas e, com toda certeza, fotocópias dos textos desejados. Naturalmente, um dado ensaio crítico me remeterá a outros autores a que La Capria é comparado ou contraposto. O campo se dilata um pouco, mas de modo razoável. Além disso, se escolhi La Capria, é porque já tinha algum interesse pela literatura italiana contemporânea, sem o que minha decisão teria sido tomada cínica, fria e arriscadamente ao mesmo tempo.

Outra tese de seis meses: *A Interpretação da Segunda Guerra Mundial nos Livros Para o Curso Secundário dos Últimos Cinco Anos*. Talvez seja um pouco complicado assinalar todos os livros de história em circulação, mas as editoras de livros didáticos não são tantas assim. Com os textos e as fotocópias à mão, descobre-se que o trabalho ocupará poucas páginas e que a comparação pode ser feita, e bem, em pouco tempo. Naturalmente, não se pode julgar a maneira como um livro aborda a Segunda Guerra Mundial sem um confronto entre esse discurso específico e o quadro histórico geral que o livro oferece; exige-se, pois, um trabalho mais aprofundado. Também não se pode começar sem antes adotar como parâmetro uma meia dúzia de histórias sérias da Segunda Guerra Mundial. Mas é claro que se eliminássemos todas essas formas de controle crítico, a tese poderia ser feita não em seis meses, mas numa semana, e então já não seria uma tese, porém um artigo de jornal – arguto e brilhante até, mas incapaz de documentar a capacidade de pesquisa do candidato.

Caso se queira fazer uma tese de seis meses gastando apenas uma hora por dia, então é inútil continuar a discutir. Lembremos os conselhos dados no parágrafo 1.2. Copiem uma tese qualquer e pronto.

2.5. É NECESSÁRIO SABER LÍNGUAS ESTRANGEIRAS?

Este parágrafo não se dirige àqueles que preparam teses sobre línguas ou literaturas estrangeiras. Com efeito, é absolutamente desejável que eles conheçam a língua *sobre a qual* vão discorrer. Igualmente desejável seria que, no caso de uma tese sobre um autor francês, ela fosse escrita em francês. Acontece isso em muitas universidades estrangeiras, e é justo.

Mas figuremos o problema daqueles que preparam teses em filosofia, sociologia, direito, ciências políticas, história, ciências naturais. Há sempre a necessidade de ler um livro escrito em outra língua, mesmo que a tese trate de Dante ou do Renascimento, pois ilustres estudiosos desses temas escreveram em inglês ou alemão.

Em casos como esse, geralmente se aproveita a oportunidade da tese para começar o aprendizado de uma língua estrangeira. Motivado pelo tema e com um pouco de esforço começa-se a compreender qualquer coisa. Muitas vezes é assim que se aprende uma língua. Via de regra não se chega a falá-la, mas consegue-se lê-la com muita proficiência. O que é melhor do que nada.

Se sobre um dado assunto existe apenas *um* livro em alemão e o candidato não sabe alemão, o problema poderá ser resolvido pedindo-se a alguém que o saiba para ler alguns capítulos considerados mais importantes: será mais honesto não se basear muito naquele livro, que, não obstante, poderá ser legitimamente inserido na bibliografia, pois foi efetivamente consultado.

Mas todos esses problemas são secundários. O problema principal é: *preciso escolher uma tese que não implique o conhecimento de línguas que não sei ou que não estou disposto a aprender.* Muitas vezes escolhe-se uma tese ignorando os riscos que se vai correr. Examinemos alguns elementos imprescindíveis:

1) *Não se pode fazer uma tese sobre um autor estrangeiro se este não for lido no original.* A coisa parece evidente ao se tratar de um poeta, mas muitos supõem que para uma tese sobre Kant,

A ESCOLHA DO TEMA

Freud ou Adam Smith tal precaução seja desnecessária. Mas não o é, e por duas razões: nem sempre se traduziram *todas* as obras daquele autor, e às vezes o desconhecimento de um escrito menor compromete a compreensão de seu pensamento ou de sua formação intelectual; em seguida, a maior parte da bibliografia sobre determinado autor está escrita em sua própria língua, e, se ele é traduzido, o mesmo pode não suceder a seus intérpretes; por fim, nem sempre as traduções fazem justiça ao pensamento do autor, e fazer uma tese significa exatamente redescobrir esse pensamento original lá onde as traduções e divulgações de todo tipo o falsearam; fazer uma tese significa ir além das fórmulas popularizadas pelos manuais escolares, do tipo "Foscolo é clássico e Leopardi é romântico" ou "Platão é idealista e Aristóteles é realista" ou, ainda, "Pascal defende o coração e Descartes a razão".

2) *Não se pode fazer uma tese sobre determinado assunto se as obras mais importantes a seu respeito foram escritas numa língua que ignoramos.* Um estudante que soubesse bem o alemão e nada do francês não estaria à altura, hoje, de discorrer sobre Nietzsche, que, no entanto, escreveu em alemão, e isso porque, de dez anos para cá, algumas das mais interessantes revalorizações de Nietzsche foram compostas em língua francesa. O mesmo vale para Freud: seria difícil reler o mestre vienense sem levar em conta o trabalho dos revisionistas americanos e dos estruturalistas franceses.

3) *Não se pode fazer uma tese sobre um autor ou sobre um tema lendo apenas as obras escritas nas línguas que conhecemos.* Quem nos assegura que a obra decisiva não está escrita na única língua que ignoramos? Sem dúvida, considerações dessa espécie podem conduzir-nos à neurose, e convém avançar com bom-senso. Há regras de exatidão científica segundo as quais é lícito, se sobre um autor inglês foi escrita qualquer coisa em japonês, advertir que se sabe da existência daquele estudo, mas que ele não foi lido. Essa "licença de ignorar" se estende, em regra geral, às línguas não ocidentais e eslavas, de modo que muitos estudos sobre Marx, bastante sérios, admitem não se ter tomado conhecimento das obras escritas em russo. Em casos assim, entretanto, o estudioso honesto sempre poderá saber (e demonstrá-lo) o que disseram em síntese aquelas obras, pois existem excertos e alusões disponíveis. Geralmente, as revistas científicas soviéticas, búlgaras,

tchecoslovacas, israelenses etc. fornecem sumários de seus artigos em inglês ou francês. Assim, mesmo trabalhando com um autor francês, pode não ser necessário saber o russo, mas é indispensável ler pelo menos o inglês, para superar os obstáculos.

Conclui-se, pois, que antes de estabelecer o tema de uma tese é preciso dar uma olhada na bibliografia existente e avaliar se não existem dificuldades linguísticas significativas.

Alguns casos são *a priori* evidentes. É impensável partir para uma tese sobre filologia grega sem saber o alemão, pois é nessa língua que estão escritos alguns dos mais importantes estudos sobre a matéria.

Como quer que seja, a tese se presta a um aprendizado ligeiro da terminologia geral nas línguas ocidentais, pois mesmo que não se saiba ler o russo, pode-se ao menos reconhecer os caracteres cirílicos e descobrir se um dado livro trata de arte ou de ciência. Aprende-se o alfabeto cirílico numa assentada, e saber que *iskusstvo* significa arte e *nauka* significa ciência é mera questão de comparar títulos. Não é preciso ficar assustado; a tese deve ser entendida como uma ocasião única para fazer alguns exercícios que nos servirão por toda a vida.

Tais observações não levam em conta o fato de que o melhor a fazer, caso se imponha o confronto com uma bibliografia estrangeira, é arrumar as malas e passar algum tempo no país em questão. Tal solução seria dispendiosa, e procuramos aqui dar conselhos também aos estudantes carentes de recursos.

Admitamos, portanto, uma derradeira hipótese, a mais conciliadora. Suponhamos um estudante interessado no problema da percepção visual aplicada à temática da arte. Ele *não conhece línguas estrangeiras e não tem tempo de aprendê-las* (ou tem bloqueios psicológicos: há pessoas que aprendem o sueco em uma semana e outras que não conseguem falar razoavelmente o francês em dez anos). Ademais, por motivos econômicos, deve apresentar uma tese de seis meses. Todavia, está sinceramente interessado naquele assunto, quer concluir a faculdade para começar a trabalhar e espera um dia retomar o tema e aprofundá-lo mais calmamente. Devemos também pensar nesse estudante.

Pois bem, ele pode propor-se um tema do tipo *Os Problemas da Percepção Visual em Suas Relações Com as Artes Figurativas em Alguns Autores Contemporâneos*. Será oportuno, antes de tudo,

A ESCOLHA DO TEMA

traçar um quadro da problemática psicológica no tema, assunto sobre o qual abundam obras traduzidas para o italiano, desde *Olho e Cérebro*, de Gregory, aos textos maiores da psicologia da forma e da psicologia transacional. Depois, pode-se enfocar a temática de três autores: Arnheim para a abordagem gestáltica, Gombrich para a semiótico-informacional e Panowsky para os ensaios sobre perspectiva do ponto de vista iconológico. Esses três autores debatem a fundo, e sob ópticas diversas, a relação entre naturalidade e "culturalidade" da percepção das imagens. Para situá-los num fundo panorâmico, existem algumas obras auxiliares, como as de Gillo Dorfles. Uma vez traçadas essas três perspectivas, o estudante poderá também tentar reler os dados problemáticos obtidos à luz de uma obra de arte particular talvez propondo novamente uma interpretação já clássica (por exemplo, o modo como Longhi analisa Piero della Francesca) e enriquecendo-a com os dados mais "contemporâneos" que recolheu. O produto acabado não terá nada de original, ficando a meio caminho entre a tese panorâmica e a tese monográfica, mas terá sido possível elaborá-lo com base em traduções italianas. O estudante não será reprovado por não ter lido Panowsky *inteiro*, ou mesmo o material disponível em alemão ou inglês, pois a tese não é *sobre* Panowsky, mas sobre um problema em que o recurso a Panowsky é apenas eventual, à guisa de referência a certas questões.

Como ficou dito no parágrafo 2.1., esse tipo de tese não é o mais aconselhável, por sujeitar-se à incompletude e à generalização: insistimos em que se trata de um exemplo de tese de seis meses para estudantes interessados em recolher com urgência dados preliminares acerca de um problema qualquer. É uma solução apressada, mas que pode ser resolvida de maneira pelo menos digna.

Em todo caso, não se sabendo outras línguas e na impossibilidade de aproveitar a preciosa ocasião da tese para aprendê-las, a solução mais razoável é trabalhar sobre um tema especificamente pátrio, que não remeta a literaturas estrangeiras, bastando o recurso a uns poucos textos já traduzidos. Assim, quem pretendesse falar dos *Modelos do Romance Histórico na Obra Narrativa de Garibaldi* deveria, é claro, ter algumas noções básicas sobre as origens do romance histórico e sobre Walter Scott (além, naturalmente, da polêmica oitocentista italiana sobre o mesmo tema), mas poderia encontrar algumas obras de consulta em língua italiana e, também nela, ao menos os livros mais famosos de Scott. Menores seriam ainda os problemas de um assunto como *A Influência de Guerrazzi na Cultura Renascentista Italiana*. Isso, é óbvio, sem jamais partir de otimismos preconcebidos, sendo ainda conveniente investigar bem a bibliografia para ver quais autores estrangeiros trataram tal tema.

2.6. TESE "CIENTÍFICA" OU TESE POLÍTICA?

Após a contestação estudantil de 1968, frutificou a opinião de que não se deve fazer teses "culturais" ou livrescas, mas teses diretamente ligadas a interesses políticos e sociais. Se tal é o caso, então o título deste parágrafo é provocador e equívoco, pois faz pensar que uma tese "política" não é "científica". Ora, fala-se frequentemente nas universidades em ciência, cientificismo, pesquisa científica, valor científico de um trabalho, e semelhantes termos podem ensejar equívocos involuntários, seja por mistificação ou por suspeitas ilícitas de mumificação da cultura.

2.6.1. Que é a cientificidade?

Para alguns, a ciência se identifica com as ciências naturais ou com a pesquisa em bases quantitativas: uma pesquisa não é científica se não for conduzida mediante fórmulas e diagramas. Sob esse ponto de vista, portanto, não seria científica uma pesquisa a respeito da moral em Aristóteles; mas também não o seria um estudo sobre consciência de classe e levantes camponeses por ocasião da reforma protestante. Evidentemente, não é esse o sentido que se dá ao termo "científico" nas universidades. Tentemos, pois, definir a que título um trabalho merece chamar-se científico em sentido lato.

O modelo poderá muito bem ser o das ciências naturais tal como foram apresentadas desde o começo do século. Um estudo é científico quando responde aos seguintes requisitos:

1) O estudo debruça-se sobre um *objeto reconhecível e definido de tal maneira que seja reconhecível igualmente pelos outros*. O termo "objeto" não tem necessariamente um significado físico.

A raiz quadrada também é um objeto, embora ninguém jamais a tenha visto. A classe social é um objeto de estudo, ainda que algumas pessoas possam objetar que só se conhecem indivíduos ou médias estatísticas e não classes propriamente ditas. Mas, nesse sentido, nem a classe de todos os números inteiros superiores a 3725, de que um matemático pode muito bem se ocupar, teria realidade física. Definir o objeto significa então definir as condições sob as quais podemos falar, com base em certas regras que estabelecemos ou que outros estabeleceram antes de nós. Se fixarmos regras com base nas quais um número inteiro superior a 3725 possa ser reconhecido onde quer que se encontre, teremos estabelecido as regras de reconhecimento de nosso objeto. É claro que surgirão problemas se, por exemplo, tivermos de falar de um ser fantástico, como o centauro, cuja inexistência é opinião geral. Temos aqui três alternativas. Em primeiro lugar, podemos falar dos centauros tal como estão representados na mitologia clássica, de modo que nosso objeto se torna publicamente reconhecível e identificável, porquanto trabalhamos com textos (verbais ou visuais) em que se fala de centauros. Tratar-se-á, então, de dizer quais as características que deve ter um ente de que fala a mitologia clássica para ser reconhecido como centauro.

Em segundo lugar, podemos ainda decidir levar a cabo uma pesquisa hipotética sobre as características que, num mundo possível (não o real), uma criatura viva *deveria* revestir para poder ser um centauro. Temos então de definir as condições de subsistência desse mundo possível, sem jamais esquecer que todo o nosso estudo se desenvolve no âmbito daquela hipótese. Caso nos mantenhamos rigorosamente fiéis à premissa original, estaremos à altura de falar num "objeto" com possibilidades de tornar-se objeto de pesquisa científica.

Em terceiro lugar, podemos concluir que já possuímos provas suficientes para demonstrar que os centauros existem de fato. Nesse caso, para constituirmos um objeto viável de discurso, deveremos coletar provas (esqueletos, fragmentos ósseos, fósseis, fotografias infravermelhas dos bosques da Grécia ou o mais que seja), para que também os outros concordem que, absurda ou correta, nossa hipótese apresenta algo sobre o qual se possa refletir.

Naturalmente, esse exemplo é paradoxal, e não creio que vá alguém fazer teses sobre centauros, em especial no que respeita à terceira alternativa; o que pretendi foi mostrar como se pode sempre constituir um objeto de pesquisa reconhecível publicamente sob certas condições. E, se pode ser feito com centauros, por que não com noções como comportamento moral, desejos, valores ou a ideia de progresso histórico?

2) O estudo deve dizer do objeto *algo que ainda não foi dito* ou rever sob uma óptica diferente o que já se disse. Um trabalho matematicamente exato visando demonstrar com métodos tradicionais o teorema de Pitágoras não seria científico, uma vez que nada acrescentaria ao que já sabemos. Tratar-se-ia, no máximo, de um bom trabalho de divulgação, como um manual que ensinasse a construir uma casinha de cachorro usando madeira, pregos, serrote e martelo. Como já dissemos em 1.1., mesmo uma tese de *compilação* pode ser cientificamente útil na medida em que o compilador reuniu e relacionou de modo orgânico as opiniões já expressas por outros sobre o mesmo tema. Da mesma maneira, um manual de instruções sobre como fazer uma casinha de cachorro não constitui trabalho científico, mas uma obra que confronte e discuta todos os métodos conhecidos para construir o dito objeto já apresenta algumas modestas pretensões à cientificidade.

Apenas uma coisa cumpre ter presente: um trabalho de compilação só tem utilidade científica se ainda não existir nada de parecido naquele campo. Havendo já obras comparativas sobre sistemas de construção de casinhas de cachorro, fazer outra igual é pura perda de tempo, quando não plágio.

3) O estudo *deve ser útil aos demais*. Um artigo que apresente nova descoberta sobre o comportamento das partículas elementares é útil. Um artigo que narre como foi descoberta uma carta inédita de Leopardi e a transcreva na íntegra é útil. Um trabalho é científico se (observados os requisitos 1 e 2) acrescentar algo ao que a comunidade já sabia, e se todos os futuros trabalhos sobre o mesmo tema tiverem que levá-lo em conta, ao menos em teoria. Naturalmente, a importância científica se mede pelo grau de indispensabilidade que a contribuição estabelece. Há contribuições após as quais os estudiosos, se não as tiverem em conta, nada poderão dizer de positivo. E há outras que os estudiosos fariam bem em considerar, mas, se não o fizerem, o mundo não se acabará. Recentemente, publicaram-se cartas que James Joyce

escreveu à esposa sobre picantes problemas sexuais. Por certo, quem estudar amanhã a gênese da personagem Molly Bloom no *Ulisses*, de Joyce, poderá valer-se do conhecimento de que, em sua vida privada, Joyce atribuía à esposa uma sensualidade vivaz e desenvolvida como a de Molly. Trata-se, portanto, de uma útil contribuição científica. Por outro lado, existem admiráveis interpretações do *Ulisses* em que a personagem Molly foi focalizada com exatidão sem o recurso àqueles dados. Trata-se, por conseguinte, de uma contribuição dispensável. Ao contrário, quando se publicou *Stephen Hero*, a primeira versão do romance de Joyce *Retrato do Artista Quando Jovem*, todos concordaram que era fundamental tê-lo em conta para a compreensão do desenvolvimento do escritor irlandês. Era uma contribuição científica indispensável.

Analogamente, qualquer um poderia trazer à luz um daqueles documentos, frequentemente ironizados, a propósito de rigorosíssimos filólogos alemães, chamados "notas de lavanderia". São textos de valor ínfimo, notas que o autor havia tomado das despesas a serem feitas naquele dia. Às vezes, dados desse gênero também são úteis, pois podem conferir um tom de humanidade ao artista, que todos supunham isolado do mundo, ou revelar que naquele momento ele vivia na mais extrema pobreza. Outras vezes, porém, nada acrescentam ao que já se sabia, constituem insignificantes curiosidades biográficas e carecem de qualquer valor científico, mesmo havendo pessoas que ganham fama de pesquisadores incansáveis trazendo à luz semelhantes ninharias. Não é que se deva desencorajar aqueles que se divertem fazendo tais pesquisas, mas não é possível falar aqui em progresso do conhecimento humano, sendo bem mais útil (se não do ponto de vista científico, pelo menos do pedagógico) escrever um bom livrinho de divulgação que conte a vida e fale das obras daquele autor.

4) O estudo *deve fornecer elementos para a verificação e a contestação das hipóteses apresentadas* e, portanto, para uma continuidade pública. Esse é um requisito fundamental. Posso tentar demonstrar que existem centauros no Peloponeso, mas para tanto devo: (a) fornecer provas (pelo menos um osso da cauda, como se disse); (b) contar como procedi para achar o fragmento; (c) informar como se deve fazer para achar outros; (d) dizer, se possível, que tipo de osso (ou outro fragmento qualquer) mandaria ao espaço minha hipótese, se fosse encontrado.

Desse modo, não só forneci as provas para minha hipótese, mas procedi de maneira a permitir que outros continuem a pesquisar, para contestá-la ou confirmá-la.

O mesmo sucede com qualquer outro tema. Suponhamos que eu faça uma tese para demonstrar que, num movimento extraparlamentar de 1969, havia dois componentes, um leninista e outro trotskista, embora se supusesse que ele fosse homogêneo. Devo apresentar documentos (panfletos, atas de assembleias, artigos etc.) para demonstrar que tenho razão; terei de dizer como procedi para encontrar aquele material e onde o encontrei, de modo que outros possam continuar a pesquisar naquela direção; e devo mostrar ainda que critério adotei para atribuir o dito material probatório aos membros daquele grupo. Por exemplo, se o grupo desfez-se em 1970, preciso dizer o que considero expressão do grupo: apenas o material teórico produzido por seus membros até aquela data (mas, então, deverei mostrar quais os critérios que me levaram a considerar certas pessoas como membros do grupo: inscrição, participação em assembleias, suposições da polícia?), ou se considero também os textos produzidos pelos ex-membros do grupo após a sua dissolução, partindo do princípio de que, se eles expressaram depois aquelas ideias, isso significa que já as tinham em mente, talvez camufladas, durante o período ativista do grupo. Só assim fornecerei aos outros a possibilidade de encetar novas investigações e mostrar, por exemplo, que minhas observações estavam erradas porque, digamos, não se podia considerar como membro do grupo um indivíduo que fazia parte dele segundo a polícia, mas que nunca fora reconhecido como tal pelos outros membros, a julgar pelos documentos disponíveis. Terei assim apresentado uma hipótese, provas e procedimentos de confirmação e contestação.

Escolhi de propósito temas bizarros justamente para demonstrar que os requisitos de cientificidade podem aplicar-se a qualquer tipo de pesquisa.

Tudo o que disse nos reporta à artificiosa oposição entre tese "científica" e tese "política". *Pode-se fazer uma tese política observando todas as regras de cientificidade necessárias.* Pode haver também uma tese que narre uma experiência de informação alternativa mediante sistemas audiovisuais numa comunidade operária: ela será científica na medida em que documentar, de

A ESCOLHA DO TEMA

modo público e controlável, a minha experiência e permitir a alguém refazê-la quer para obter os mesmos resultados, quer para descobrir que os meus haviam sido casuais e, de fato, não se deviam à minha intervenção, mas a outros fatores que não considerei.

O bom de um procedimento científico é que ele nunca faz os outros perderem tempo: até mesmo trabalhar na esteira de uma hipótese científica para depois descobrir que ela deve ser refutada significa ter feito algo positivo sob o impulso de uma proposta anterior. Se minha tese serviu para estimular alguém a começar novos experimentos de contrainformação entre operários (mesmo sendo ingênuas as minhas presunções), obtive qualquer coisa de útil.

Nesse sentido, vê-se que não existe oposição entre tese científica e tese política. Por um lado, pode-se dizer que todo trabalho científico, na medida em que contribui para o desenvolvimento do conhecimento geral, tem sempre um valor político positivo (tem valor negativo toda ação que tenda a bloquear o processo de conhecimento); mas, por outro, cumpre dizer que toda empresa política com possibilidade de êxito deve possuir uma base de seriedade científica.

E, como se viu, é possível fazer uma tese "científica" mesmo sem utilizar logaritmos e provetas.

2.6.2. Temas histórico-teóricos ou experiências "quentes"?

A essa altura, porém, nosso problema inicial se mostra reformulado: *será mais útil fazer uma tese de erudição ou uma tese ligada a experiências práticas, a empenhos sociais diretos?* Em outras palavras, é mais útil fazer uma tese que fale de autores célebres ou de textos antigos, ou uma tese que imponha uma intervenção direta na atualidade, seja sob o aspecto teórico (por exemplo, o conceito de exploração na ideologia neocapitalista) ou de ordem prática (por exemplo, estudo das condições da submoradia nos arredores de Roma)?

A pergunta é, por si mesma, ociosa. Cada um faz aquilo que lhe agrada, e se um estudante passou quatro anos debruçado sobre filologia românica, ninguém pode pretender que passe a se ocupar de barracos, tal como seria absurdo pretender um ato de "humildade acadêmica" da parte de quem passou quatro anos com Danilo Dolci, pedindo-lhe uma tese sobre os *Reis de França*.

Mas suponhamos que a pergunta seja feita por um estudante em crise, a indagar-se para que lhe servem os estudos universitários e, em especial, a experiência da tese. Suponhamos que esse estudante tenha interesses políticos e sociais precisos e receie trair sua vocação dedicando-se a temas "livrescos".

Ora, estando já mergulhado numa experiência político-social que lhe permita entrever a possibilidade de fazer um discurso conclusivo, seria bom que ele se colocasse o problema de como abordar cientificamente sua experiência.

Porém, se tal experiência não foi feita, então me parece que a pergunta exprime apenas uma inquietude nobre, mas ingênua. Já dissemos que a experiência de pesquisa imposta por uma tese serve sempre para nossa vida futura (profissional ou política, tanto faz), e não tanto pelo tema escolhido quanto pela preparação que isso impõe, pela escola de rigor, pela capacidade de organização do material que ela requer.

Paradoxalmente, poderemos dizer que um estudante com interesses políticos não os trairá se fizer uma tese sobre a recorrência dos pronomes demonstrativos num escritor de botânica setecentista. Ou sobre a teoria do *impetus* na ciência antes de Galileu. Ou sobre geometrias não euclidianas. Ou sobre os primórdios do direito eclesiástico. Ou sobre a seita mística dos hesicastas*. Ou sobre medicina árabe medieval. Ou sobre o artigo do código de direito penal concernente à hasta pública.

Pode-se cultivar interesses políticos (sindicais, por exemplo) mesmo fazendo uma boa tese histórica sobre os movimentos operários do século passado. Pode-se entender as exigências contemporâneas de contrainformação sobre as classes mais baixas da sociedade estudando o estilo, a difusão, as modalidades produtivas das xilografias populares no período renascentista.

E, caso queira ser polêmico, aconselharei ao estudante que até hoje só tenha se dedicado a atividades políticas e sociais

---

* O termo é mais usualmente aplicado a um grupo de monges bizantinos do monte Atos, na Grécia (c. xiv). Eles visavam alcançar a elevação espiritual por meio de retiro e ascetismo, além de orações e do uso de determinadas técnicas de relaxamento que propiciariam contemplar uma luz incriada; por extensão, o adepto dessa corrente (N. da E.).

A ESCOLHA DO TEMA

precisamente uma dessas teses, e não o relato de suas próprias experiências diretas, pois é claro que o trabalho de tese será a derradeira ocasião para obter conhecimentos históricos, teóricos e técnicos, e para aprender sistemas de documentação (além de refletir a partir de uma base mais ampla sobre os pressupostos teóricos ou históricos do próprio trabalho político).

Trata-se, naturalmente, de uma opinião pessoal. E é por respeitar uma opinião diferente que me coloco no ponto de vista de quem, mergulhado numa atividade política, quiser acabar sua tese com esforço próprio e experiências próprias de atuação política ao redigir a obra.

Isso é possível, e os resultados podem ser ótimos, mas cumpre dizer algumas coisas, com clareza e severidade, em defesa da respeitabilidade de uma empresa desse tipo.

Sucede às vezes que o estudante atulha uma centena de páginas com o registro de folhetos, atas de discussões, listas de atividades, estatísticas porventura tomadas de empréstimo a trabalhos precedentes, e apresenta o resultado como "tese política". E também, por vezes, acontece de a banca examinadora, por preguiça, demagogia ou incompetência, considerar bom o trabalho. Mas, ao contrário, trata-se de uma palhaçada, não só pelos critérios universitários como pelos políticos também. Há um modo sério e um modo irresponsável de fazer política. Um político que se decide por um plano de desenvolvimento sem possuir informações suficientes sobre a situação social é pouco mais que um truão, quando não um celerado. E pode-se prestar um péssimo serviço à causa política elaborando uma tese política destituída dos requisitos científicos.

Já dissemos em 2.6.1. que requisitos são esses e como são essenciais até para uma intervenção política séria. Certa vez, vi um estudante que prestava exames sobre problemas de comunicação de massa asseverar que fizera uma "pesquisa" sobre público de TV junto aos trabalhadores de uma dada zona. Na realidade interrogara, de gravador em punho, meia dúzia de gatos-pingados durante duas viagens de trem. Era natural que o que transpirava dessa transcrição de opiniões não fosse uma pesquisa. E não apenas porque não apresentava os requisitos de verificabilidade de uma pesquisa que se preze, mas também porque os resultados que daí se tiravam eram coisas que poderiam muito bem ser imaginadas sem necessidade de pesquisa alguma. Como exemplo, nada mais fácil que prever, numa mesa de botequim, que entre doze pessoas a maioria prefere assistir a uma partida de futebol em transmissão direta. Portanto, apresentar uma pseudopesquisa de trinta páginas para chegar a esse brilhante resultado é uma palhaçada. É, além do mais, um autoengano para o estudante, que acredita ter obtido dados "objetivos" quando apenas comprovou, de maneira aproximada, suas próprias opiniões.

Ora, o risco de superficialidade existe especialmente para as teses de caráter político, e por duas razões: (a) porque numa tese histórica ou filológica existem métodos tradicionais de pesquisa a que o autor não pode se subtrair, enquanto para os trabalhos sobre fenômenos sociais em evolução muitas vezes o método precisa ser inventado (razão pela qual frequentemente uma boa tese política é mais difícil que uma tranquila tese histórica); (b) porque muita metodologia da pesquisa social "à americana" fetichizou os métodos estatístico-quantitativos, produzindo vastas pesquisas que não se prestam à compreensão dos fenômenos reais e, em consequência, muitos jovens politizados assumem uma atitude de desconfiança perante essa sociologia que, no máximo, é uma "sociometria", acusando-a de servir pura e simplesmente o sistema de que constituem a cobertura ideológica. No entanto, a reação a esse tipo de pesquisa leva às vezes a não se fazer pesquisa alguma, transformando a tese numa sequência de panfletos, apelos ou assertivas meramente teóricas.

Como evitar esse risco? De muitas maneiras: analisando estudos "sérios" sobre temas semelhantes, não se metendo num trabalho de pesquisa social sem pelo menos ter acompanhado a atividade de um grupo com alguma experiência, munindo-se de alguns métodos de coleta e análise de dados, não presumindo fazer em poucas semanas trabalhos de pesquisa que comumente são longos e difíceis... Mas, como os problemas variam conforme os campos, o tema e a preparação do estudante – e não se pode dar conselhos genéricos –, limitar-me-ei a um exemplo. Escolherei um tema "novíssimo", para o qual não parecem existir precedentes de pesquisa, um tema de candente atualidade e incontestáveis conotações políticas, ideológicas e práticas – e que muitos professores tradicionalistas definiriam como "meramente jornalístico": o fenômeno das estações de rádio independentes.

2.6.3. Como transformar um assunto de atualidade em tema científico?

Sabemos que, nas grandes cidades, surgiram dezenas e dezenas dessas estações; que existem duas, três, quatro até nos centros com cem mil habitantes; que elas surgem em toda parte. Que são de natureza política ou comercial. Que têm problemas legais, mas que a legislação é ambígua e ainda em evolução, e, entre o momento em que escrevo (ou faço a tese) e o momento em que este livro for publicado (ou a tese for discutida), a situação já terá sido mudada.

Devo, pois, antes de tudo, delimitar com precisão o âmbito geográfico e cronológico do meu estudo. Poderá ser apenas *As Estações de Rádio Livres de 1975 a 1976*, desde que completo. Se eu decidir examinar apenas as emissoras de Milão, ótimo – mas que sejam todas! De outra forma, meu estudo será incompleto, pois terei talvez descurado as estações mais significativas quanto a programas, índices de audiência, formação cultural de seus animadores, alvos (periferia, bairros, centro).

Se decidir trabalhar sobre uma amostra nacional de trinta estações, isso seria perfeitamente válido: mas terei de estabelecer os critérios de escolha da amostra, e, se a realidade nacional for três emissoras comerciais para cada cinco políticas (ou uma de extrema direita para cada cinco de esquerda), não deverei escolher uma amostra de trinta estações das quais 29 são políticas e de esquerda (ou vice-versa), porque desse modo a imagem que dou do fenômeno refletirá meus desejos ou temores, e não a situação real.

Poderei ainda decidir (como no caso da tese sobre a existência de centauros num mundo possível) entre renunciar ao estudo sobre as emissoras tais quais são e propor, ao contrário, um projeto de emissora livre ideal. Mas, nesse caso, o projeto deve ser orgânico e realista, por um lado (não posso pressupor a existência de equipamentos inexistentes ou inacessíveis a um grupo modesto e privado), e, por outro, não posso elaborar um projeto ideal sem levar em conta as tendências do fenômeno real, pelo que, nesse caso ainda, um estudo preliminar sobre as rádios existentes é indispensável.

Em seguida, cabe-me tornar públicos os parâmetros de definição de "rádio livre", ou seja, tornar publicamente identificável o objeto do estudo.

Entendo por rádio livre apenas uma rádio de esquerda? Ou uma rádio montada por um pequeno grupo em situação semilegal no país? Ou uma rádio não dependente do monopólio, ainda que porventura se trate de uma rede articulada com propósitos meramente comerciais? Ou devo ter presente o parâmetro territorial e só considerar rádio livre uma rádio de San Marino ou de Monte Carlo? Como quer que seja, terei de explicar os meus critérios e explicar por que excluo certos fenômenos do campo de pesquisa. Obviamente, tais critérios precisam ser razoáveis e os termos que uso terão de ser definidos de modo inequívoco: posso decidir que, para mim, são rádios livres apenas aquelas que exprimem uma posição de extrema-esquerda; mas então devo levar em conta que, comumente, o termo "rádio livre" se refere também a outras rádios, e não posso ludibriar meus leitores, fazendo-lhes crer ou que também falo delas ou que elas não existem. Cumpre-me, em tal caso, especificar que contesto a designação "rádio livre" para as rádios que não quero examinar (mas a exclusão precisa ser justificada) ou escolher para as emissoras de que me ocupo um termo menos genérico.

Nesse ponto preciso descrever a estrutura de uma rádio livre sob o aspecto organizacional, econômico, jurídico. Se em algumas delas trabalham profissionais em tempo integral e em outras militantes em sistema de rodízio, terei de construir uma tipologia organizativa. Deverei indagar se todos esses tipos possuem características comuns que sirvam para definir um modelo abstrato de rádio independente ou se o termo "rádio livre" cobre uma série multiforme de experiências muito diferentes. (É facilmente compreensível como o rigor científico dessa análise pode ser útil também para efeitos práticos, pois, se eu quiser montar uma rádio livre, deverei saber quais são as condições ideais para seu funcionamento.)

Para construir uma tipologia fidedigna, poderei, por exemplo, proceder à elaboração de uma tabela que considere todas as características possíveis em função das várias rádios que examino, tendo na vertical as características de uma dada rádio e na horizontal a frequência estatística de uma dada característica. O exemplo seguinte destina-se meramente a orientar, e é de dimensões modestíssimas, no que respeita aos quatro parâmetros: presença de operadores profissionais, proporção música-fala,

A ESCOLHA DO TEMA

presença de publicidade e caracterização ideológica, aplicados a sete emissoras imaginárias.

Uma tabela assim revelaria, por exemplo, que a Rádio Pop é conduzida por um grupo não profissional, com caracterização ideológica explícita, que transmite mais música que conversa e aceita publicidade. Ao mesmo tempo, dir-me-ia que a presença de publicidade e a preponderância da música sobre a fala não estão necessariamente em conflito com a caracterização ideológica, dado que encontramos pelo menos duas rádios nessas condições, enquanto só uma única com caracterização ideológica e preponderância da fala sobre a música. Por outro lado, não há *nenhuma* sem caracterização ideológica que não tenha publicidade e em que prevaleça a fala. E assim por diante. Essa tabela é puramente hipotética e considera poucos parâmetros e poucas emissoras: portanto, não permite tirar conclusões estatísticas seguras. Trata-se apenas de uma sugestão.

	Rádio Beta	Rádio Gama	Rádio Delta	Rádio Aurora	Rádio Centro	Rádio Pop	Rádio Canal 100
Operadores profissionais	–	+	–	–	–	–	–
Preponderância de música	+	+	–	+	+	+	+
Presença de publicidade	+	+	–	–	+	+	+
Caracterizada ideologicamente de modo explícito	+	–	+	+	–	+	–

Mas como se obtêm esses dados? As fontes são três: dados oficiais, declarações dos interessados e boletins de escuta.

Dados oficiais. São sempre os mais seguros, mas, no caso de rádios independentes, bastante raros. Em geral, existe um registro junto ao órgão de segurança pública. Deve haver também, num tabelião qualquer, uma ata constitutiva da sociedade, ou algo assim, mas é pouco provável que possa ser consultada. Quando houver uma regulamentação mais precisa, outros dados estarão disponíveis, mas no momento isso é tudo. Lembremos, todavia, que dos dados oficiais fazem parte o nome, a faixa de transmissão e as horas de atividade. Uma tese que fornecesse pelo menos esses três elementos para todas as rádios constituiria já uma contribuição útil.

Declarações dos interessados. Aqui, são interrogados os responsáveis pelas emissoras. Tudo o que disserem constitui dados objetivos, desde que fique claro tratar-se *daquilo que disseram*, e desde que os critérios de obtenção das entrevistas sejam homogêneos. Será o caso de elaborar um questionário de modo que todos respondam a todos os temas julgados importantes, registrando-se sempre a recusa de responder a esta ou àquela pergunta. Não quer dizer que o questionário deva ser seco e conciso,à base do sim e não. Se todos os diretores fizerem uma declaração programática, o registro de todas essas declarações poderá constituir um documento útil. Que fique bem clara a noção de "dado objetivo" num caso desse tipo. Se o diretor diz: "Não temos objetivos políticos e não somos financiados por ninguém", não significa que esteja dizendo a verdade; mas é um *dado objetivo* o fato de aquela pessoa apresentar-se publicamente com esse aspecto. No máximo poder-se-á refutar semelhante afirmativa por meio de uma análise crítica do conteúdo dos programas transmitidos pela emissora em questão. Com o que chegamos à terceira fonte informativa.

Boletins de escuta. É o aspecto da tese em que se pode assinalar a diferença entre trabalho sério e trabalho diletante. Conhecer a atividade de uma rádio independente significa tê-la acompanhado durante alguns dias – uma semana, digamos –, de hora em hora, elaborando uma espécie de "rádio-correio" que mostre o que é transmitido e quando, qual a duração dos programas, a quantidade de música e fala, quem participa dos debates, se existem e quais os assuntos tratados etc. Não se pode colocar na tese tudo quanto foi transmitido durante a semana, mas é possível recorrer àqueles elementos significativos (comentários sobre músicas, debates, modo de dar uma notícia) dos quais emerja um perfil artístico, linguístico e ideológico da emissora em apreço.

Existem modelos de boletins de escuta para rádio e televisão elaborados durante alguns anos pela ARCI de Bolonha, por meio dos quais os ouvintes cronometravam a duração das notícias, a recorrência de certos termos, e assim por diante. Uma vez realizado esse estudo com várias emissoras, poderemos proceder às comparações: por exemplo, como determinada canção ou notícia de atualidade foi apresentada por duas ou mais rádios diferentes.

Poderíamos ainda comparar os programas das emissoras monopolistas com os das rádios independentes: proporção música-fala, proporção notícia-entretenimento, proporção programas-publicidade, proporção música erudita-música popular, música nacional-música estrangeira, música popular tradicional--música popular de vanguarda etc. Como se vê, a partir de uma audiência sistemática, munidos de um gravador e de um lápis, pode-se tirar inúmeras conclusões que nem sempre se manifestariam nas entrevistas com os responsáveis.

Por vezes, o simples confronto entre diversos anunciantes (proporções entre restaurantes, cinemas, editoras etc.) pode nos dizer algo sobre as fontes de financiamento (de outra forma ocultas) de uma determinada rádio.

A única exigência é que não introduzamos impressões ou induções do tipo "se ao meio-dia transmitiu música *pop* e publicidade da Pan-American, então é uma emissora filoamericana", pois convém saber também o que foi transmitido a uma, às duas ou às três, na segunda, na terça e na quarta-feira.

Sendo muitas as emissoras, só temos dois caminhos: ou ouvir todas ao mesmo tempo, formando um grupo de escuta com tantos registradores quantas forem as rádios (solução mais séria, porquanto permite comparar as várias rádios numa mesma semana), ou ouvir uma por semana. Neste último caso, porém, é necessário trabalhar sozinho e ouvir uma rádio após outra sem tornar heterogêneo o período de escuta, que de maneira alguma pode cobrir o espaço de seis meses ou um ano, dado que nesse campo as mutações são rápidas e frequentes, e não teria sentido comparar os programas da Rádio Beta em janeiro com os da Rádio Aurora em agosto porque, entrementes, ninguém sabe o que aconteceu à Rádio Beta.

Admitindo-se que todo esse trabalho tenha sido bem feito, que restará por fazer? Muitas coisas. Vejamos algumas delas:

- Estabelecer índices de audiência; não há dados oficiais e não se pode confiar apenas nas declarações dos responsáveis; a única alternativa é uma sondagem pelo método do telefonema ao acaso ("Que rádio você está escutando neste momento?"). É o método seguido pela RAI, mas requer uma organização especial, um tanto dispendiosa. É melhor renunciar a essa pesquisa do que anotar impressões pessoais como "a maioria ouve a Rádio Delta" só porque meia dúzia de amigos afirma ouvi-la. O problema dos índices de audiência informa como se pode trabalhar cientificamente mesmo sobre um fenômeno tão contemporâneo e atual, e como isso é difícil: é melhor uma tese sobre história romana, bem mais fácil;

- Registrar a polêmica na imprensa e os eventuais juízos sobre cada emissora;
- Recolher e comentar organicamente as leis pertinentes a essa questão, de modo a explicar como as várias emissoras as ludibriam ou as obedecem e que problemas daí advêm;
- Documentar as posições relativas dos diversos partidos;
- Tentar estabelecer tabelas comparativas dos custos publicitários. É possível que os responsáveis pelas rádios escondam esse detalhe, ou mintam, mas, se a Rádio Delta faz publicidade do restaurante Ai Pini, poderia ser fácil obter o dado desejado junto ao proprietário do Ai Pini;
- Fixar um evento-amostra (eleições são um assunto exemplar) e registrar a maneira como foi tratado por duas, três ou mais rádios;
- Analisar o estilo linguístico das diversas emissoras (imitação dos locutores de grandes rádios, imitação dos *disc jockeys* americanos, uso de terminologias de grupos políticos, adesão a falares regionais etc.);
- Analisar a maneira como certas transmissões das grandes rádios foram influenciadas (quanto à escolha dos programas e dos usos linguísticos) pelas transmissões das rádios livres;
- Recolher organicamente opiniões sobre rádios livres por parte de juristas, líderes políticos etc. Três opiniões apenas fazem um artigo de jornal, cem opiniões fazem uma pesquisa;
- Coleta de toda a bibliografia existente sobre o assunto, desde livros e artigos sobre experiências análogas em outros países até os artigos dos mais remotos jornais de interior ou de pequenas revistas, de modo a obter a documentação mais completa possível;

Convém deixar claro que você não deve fazer *todas* essas coisas. *Apenas uma,* desde que benfeita e completa, já constitui um tema para uma tese. Também não pense que essas são as únicas coisas a fazer. Delineei somente alguns exemplos para mostrar como até sobre um tema tão pouco "erudito" e pobre em literatura crítica se pode executar um trabalho científico, útil aos outros, inserível numa pesquisa mais ampla e indispensável a quem queira aprofundar o tema, sem impressionismo, observações casuais ou extrapolações arriscadas.

Para concluir: tese científica ou tese política? Dilema falso. É tão científico fazer uma tese sobre a doutrina das ideias em Platão como sobre a política da Lotta Continua na Itália entre 1974 e 1976. Se você é uma pessoa que pretende trabalhar a sério, pense bem antes de escolher, pois a segunda tese é, sem dúvida, mais difícil que a primeira e requer maior maturidade científica. Se não por outro motivo, porque não terá uma biblioteca em que se apoiar, mas uma biblioteca para organizar.

Como se vê, é possível conduzir de modo científico uma tese que outros definiriam, quanto ao tema, como puramente "jornalística". E é possível conduzir de modo puramente jornalístico uma tese que, a julgar pelo título, teria todos os atributos para parecer científica.

2.7. COMO EVITAR SER EXPLORADO PELO ORIENTADOR

Por vezes o estudante escolhe um tema de seu próprio interesse. Outras vezes, ao contrário, aceita a sugestão do professor a quem pede a orientação sobre a tese.

Ao sugerirem temas, os professores podem seguir dois critérios diferentes: indicar um assunto que conheçam bem e no qual não terão dificuldades em acompanhar o aluno, ou recomendar um tema que conhecem pouco e querem conhecer mais.

Fique claro que, contrariamente à primeira impressão, esse segundo critério é o mais honesto e generoso. O professor raciocina que, acompanhando uma tese dessas, terá seus próprios horizontes alargados, pois se quiser avaliar bem o candidato e ajudá-lo em seu trabalho terá de debruçar-se sobre algo novo. Em geral, quando o professor opta por essa segunda via, é porque confia no candidato. E normalmente lhe diz explicitamente que o tema é novo para ele também e que está interessado em conhecê-lo melhor. Existem professores que se recusam a orientar teses sobre assuntos surrados, mesmo na atual situação da universidade de massa, que contribui para temperar o rigor de muitos e incliná-los a uma maior compreensão.

Há, no entanto, casos específicos em que o professor está fazendo uma pesquisa de grande fôlego, para a qual são necessários inúmeros dados, e decide valer-se dos candidatos como membros de sua equipe de trabalho. Ou seja, durante alguns anos, ele orienta as teses numa direção específica. Se for um economista interessado na situação da indústria em um dado período, determinará teses concernentes a setores particulares, com o fito de estabelecer um quadro completo do assunto. Ora, tal critério é não apenas legítimo, mas também cientificamente útil: o trabalho de tese contribui para uma pesquisa mais ampla, feita no interesse coletivo. E isso é útil até didaticamente porque o candidato poderá valer-se de conselhos da parte de um professor muito bem-informado sobre o assunto, e utilizar como material de fundo e de comparação as teses elaboradas por outros estudantes sobre temas afins. Assim, caso execute um bom trabalho, o candidato pode esperar uma publicação ao menos parcial de seus resultados, talvez no âmbito de uma obra coletiva. Há aqui, entretanto, alguns inconvenientes possíveis:

1. O professor está entusiasmado com seu próprio tema e violenta o candidato que, por seu lado, não tem o mínimo interesse naquela direção. O estudante torna-se, nesse caso, um carregador de água que se limita a recolher penosamente material que depois outros irão interpretar. Como sua tese será modesta, sucederá que o professor, ao elaborar a tese definitiva, talvez só use algumas partes do material recolhido, não citando sequer o estudante, até porque não se lhe pode atribuir nenhuma ideia precisa.

2. O professor é desonesto, põe os estudantes para trabalhar, aprova-os e utiliza desabusadamente o trabalho deles como se fosse seu. Às vezes se trata de uma desonestidade *quase* de boa fé: o mestre acompanhou a tese com paixão, sugeriu várias ideias e, algum tempo depois, não mais distingue sua contribuição da do estudante, tal como, depois de uma acalorada discussão coletiva, não conseguimos mais recordar quais as ideias que perfilhávamos de início e quais as que assumimos depois por estímulo alheio.

A ESCOLHA DO TEMA

Como evitar tais inconvenientes? O estudante, ao abordar um determinado professor, já terá ouvido falar dele, já terá entrado em contato com diplomados anteriores e possuirá, destarte, uma ideia acerca de sua lisura. Terá lido seus livros e descoberto se o autor costuma mencionar ou não seus colaboradores. No mais, entram fatores imponderáveis de estima e confiança.

Mesmo porque não convém cair na atitude neurótica de sinal contrário e julgarmo-nos plagiados sempre que alguém falar de temas semelhantes aos da nossa tese. Quem fez uma tese, digamos, sobre as relações entre darwinismo e lamarckismo, teve oportunidade de ver, percorrendo a literatura crítica, quantos outros já falaram sobre o mesmo assunto e quantas ideias são comuns a todos os estudiosos. Desse modo, não se julgue um gênio espoliado se algum tempo depois o professor, o assistente ou um colega se ocuparem do mesmo tema.

Por roubo de trabalho científico entende-se, sim, a utilização de dados experimentais que só podiam ter sido recolhidos fazendo essa dada experiência; a apropriação da transcrição de manuscritos raros que nunca tivessem sido transcritos antes de você; a utilização de dados estatísticos que ninguém havia coletado antes de você, sem menção da fonte (pois, uma vez tornada pública, todos têm direito de citar a tese); a utilização de traduções, que você fez, de textos que não tinham sido traduzidos ou o foram de maneira diferente.

Seja como for, síndromes paranoicas à parte, o estudante deve verificar se, ao aceitar um tema de tese, está se inserindo ou não num trabalho coletivo, e pensar se vale a pena fazê-lo.

3. A Pesquisa do Material

3.1. A ACESSIBILIDADE DAS FONTES

3.1.1. Quais são as fontes de um trabalho científico?

Uma tese estuda um *objeto* por meio de determinados *instrumentos*. Muitas vezes o objeto é um livro e os instrumentos, outros livros. É o caso de, suponhamos, uma tese sobre *O Pensamento Econômico de Adam Smith*, cujo objeto é constituído por livros de Adam Smith, enquanto os instrumentos são outros livros sobre Adam Smith. Diremos então que, nesse caso, os escritos de Adam Smith constituem as *fontes primárias* e os livros sobre Adam Smith constituem as *fontes secundárias* ou a *literatura crítica*. É claro que, se o assunto fosse *As Fontes do Pensamento Econômico de Adam Smith*, as fontes primárias seriam os livros ou os escritos em que Smith se inspirou. Certo é que as fontes de um autor podem ser acontecimentos históricos (certas discussões ocorridas em sua época sobre determinados fenômenos concretos), mas tais acontecimentos são sempre acessíveis sob forma de material escrito, isto é, de outros textos.

Em certos casos, pelo contrário, o objeto é um fenômeno real: é o que acontece com as teses sobre movimentos migratórios internos na Itália atual, sobre o comportamento de crianças problemáticas, sobre opiniões do público a respeito de debates na televisão. Aqui, as fontes não existem ainda sob a forma de textos escritos, mas devem tornar-se os textos que você inserirá na tese à guisa de documentos: dados estatísticos, transcrições de entrevistas, talvez fotografias ou mesmo documentos audiovisuais. Quanto à literatura crítica, pelo contrário, as coisas não mudam muito em relação ao caso precedente. Na falta de livros ou artigos de revista, haverá artigos de jornal ou documentos de outro gênero.

A distinção entre as fontes e a literatura crítica precisa estar bem clara, porquanto esta última, frequentemente, reporta excertos das fontes, mas – como veremos no parágrafo seguinte – essas são *fontes de segunda mão*. Ademais, um estudo apressado e desordenado pode facilmente fazer com que se confunda o discurso sobre as fontes com o discurso sobre a literatura crítica. Se escolhi como tema *O Pensamento Econômico de Adam Smith* e me dou conta de que, à medida que o trabalho avança, envolvo-me na discussão das interpretações de um determinado autor e descuro a leitura direta de Smith, posso fazer duas coisas: ou retornar à fonte ou modificar o tema para *As Interpretações de Smith no Pensamento Liberal Inglês Contemporâneo*. Isso não me isentará de saber o que disse Smith, mas é claro que a essa altura meu interesse é o de discutir não tanto o que ele disse, mas o que outros disseram inspirando-se nele. Contudo, é óbvio que, se pretendo criticar em profundidade seus intérpretes, terei de confrontar suas interpretações com o texto original.

Mas poderia suceder de o pensamento original me interessar muito pouco. Admitamos que comecei uma tese sobre a filosofia zen na tradição japonesa. Claro está que preciso saber japonês e não me fiar nas raras traduções ocidentais ao meu dispor. Mas suponhamos que, ao examinar a literatura crítica, fiquei interessado pelo uso que certa vanguarda literária e artística americana fez do zen nos anos de 1950. Logicamente, a essa altura, não me interessa mais saber com absoluta exatidão teológica e filológica qual seja o sentido do pensamento zen, mas de que maneira as ideias originais do Oriente se tornaram elementos de uma ideologia artística ocidental. Portanto, o tema da tese passará a ser *O Uso de Sugestões Zen na "San Francisco Renaissance" dos Anos*

Cinquenta; minhas fontes, por seu turno, passarão a ser os textos de Kerouac, Ginsberg, Ferlinghetti e assim por diante. Essas são as fontes sobre as quais terei de trabalhar, ao passo que, quanto ao zen, bastar-me-ão alguns livros seguros e algumas boas traduções, desde que, naturalmente, eu não tenha intenção de demonstrar que os californianos tenham compreendido mal o zen original, circunstância em que se tornaria obrigatório o confronto com os textos japoneses. Mas, se me limito a tomar por ponto pacífico que eles se inspiraram livremente em traduções do japonês, o que passa a me interessar é o que fizeram do zen e não aquilo que o zen era originalmente.

Tudo para dizer que é muito importante definir logo o verdadeiro objeto da tese, já que, desde o início, impõe-se o problema da acessibilidade das fontes.

No parágrafo 3.2.4., encontra-se um exemplo de como se pode partir praticamente do nada para a descoberta das fontes adequadas ao nosso trabalho, mesmo numa biblioteca modesta. Mas trata-se de um caso-limite. Em geral, aceita-se o tema sem saber se há condições de aceder às fontes, e é preciso saber: (1) onde podem ser encontradas; (2) se são facilmente acessíveis; (3) se estou em condições de compulsá-las.

Com efeito, posso aceitar imprudentemente uma tese sobre certos manuscritos de Joyce sem saber que se encontram na Universidade de Buffalo, ou sabendo muito bem que nunca poderei ir àquela cidade. Poderei aceitar com entusiasmo o trabalho sobre uma série de documentos pertencentes a uma família local e depois descobrir que essa família é extremamente ciosa de tais documentos, só os mostrando a estudiosos de grande fama. Poderei aceitar trabalhar sobre certos documentos medievais acessíveis, mas sem pensar que jamais fiz um curso que me habilitasse a ler manuscritos antigos.

Sem querer procurar exemplos tão sofisticados, poderei aceitar que se aborde um autor sem levar em conta que seus textos originais são raríssimos, e que terei de andar como um louco de biblioteca em biblioteca e de país em país. Ou pensar que é fácil obter os microfilmes de todas as suas obras sem calcular que em minha universidade não existe equipamento para leitura de microfilmes ou que a conjuntivite me impede de suportar trabalho tão desgastante.

Será inútil que eu, fanático por cinema, escolha uma tese sobre uma obra menor de um realizador dos anos de 1920, para depois descobrir que dela só resta uma cópia nos Film Archives de Washington.

Uma vez solucionado o problema das fontes, idênticas questões surgem para a literatura crítica. Poderei optar por uma tese sobre um autor menor do século XVIII porque, casualmente, a biblioteca de minha cidade possui a primeira edição de sua obra, para depois dar-me conta de que o melhor da literatura crítica sobre aquele autor só é acessível a peso de ouro.

Tal problema não se resolve com a decisão de só trabalhar com o que se tem, porquanto, da literatura crítica, deve-se ler, se não tudo, pelo menos o mais importante, sendo necessário abordar as fontes *diretamente* (ver parágrafo seguinte).

Em lugar de cometer imperdoáveis negligências, é melhor escolher outra tese, conforme os critérios expostos no capítulo 2.

A título de orientação, eis algumas teses a cuja discussão assisti recentemente, cujas fontes eram identificadas de maneira muito precisa, limitavam-se a âmbitos verificáveis e estavam claramente ao alcance dos candidatos, que sabiam como manipulá-las. A primeira versava sobre *L'esperienza clerico-moderata nell'amministrazione comunale di Modena* (1889-1910). O candidato, ou o docente, havia limitado com bastante exatidão a amplitude do trabalho. O candidato era de Módena e, portanto, trabalhava *in loco*. A bibliografia se dividia em *geral* e *sobre Módena*. Presumo que, quanto à última, ele tenha podido trabalhar nas bibliotecas locais. Quanto à primeira, deve ter precisado fazer algumas incursões fora. Com respeito às fontes propriamente ditas, dividiam-se em fontes *de arquivo* e *jornalísticas*. O candidato tudo vira e folheara todos os jornais da época.

A segunda era sobre *A Política Escolar do PCI: Da Centro-Esquerda à Contestação Estudantil**. Também aqui se pode ver como o tema foi delimitado com exatidão e, direi mesmo, com prudência: após 1968, o estudo se tornaria complicado demais. As fontes eram o jornal oficial do PC, as atas parlamentares, os arquivos do partido e outro jornal. Posso imaginar que, por mais exata que tenha sido

---

* No original, *escolastica*; em virtude do emprego na filosofia e às vezes pejorativo que o termo adquiriu entre nós, preferimos utilizar "escolar", dada a afinidade etimológica e de sentido.

a pesquisa, muitas coisas de outros jornais escaparam, mas trata-va-se indubitavelmente de fonte secundária, da qual era possível obter opiniões e críticas. Quanto ao resto, bastavam as declarações oficiais para definir a política escolar do PC. Observe-se que a coisa teria sido bem outra, caso a tese abordasse a política escolar da Democracia Cristã, ou seja, de um partido do governo: de um lado, as declarações oficiais; de outro, os atos efetivos do governo, que poderiam contradizer aquelas, fazendo com que a pesquisa assumisse dimensões dramáticas. Cumpre ter presente ainda que, se o período ultrapassasse o ano de 1968, seria necessário classificar entre as fontes de opiniões não oficiais todas as publicações dos grupos extraparlamentares que daquele ano em diante começaram a proliferar. Novamente, a pesquisa seria árdua. Para concluir, imagino que o candidato tenha tido a possibilidade de trabalhar em Roma, ou de receber fotocópias do material de que precisava.

A terceira tese era sobre história medieval e, aos olhos dos profanos, parecia muito mais difícil. Abordava as vicissitudes dos bens da abadia de San Zeno em Verona, na Baixa Idade Média. O núcleo do trabalho consistia na transcrição, nunca feita antes, de algumas folhas do registro da abadia no século XIII. Impunha-se, naturalmente, que o candidato tivesse noções de paleografia, isto é, soubesse ler e transcrever manuscritos antigos. Mas, uma vez de posse dessa técnica, tratava-se apenas de trabalhar com seriedade e comentar o resultado da transcrição. No entanto, a tese apresentava em rodapé uma bibliografia de trinta obras, sinal de que o problema específico fora enquadrado historicamente na literatura precedente. Suponho que o candidato fosse de Verona e tivesse escolhido um trabalho que pudesse fazer sem precisar viajar.

A quarta tese versava sobre *Experiências de Teatro em Prosa no Trentino*. O candidato, habitante daquela região, sabia que por lá essas experiências tinham sido poucas, e passou a reconstituí-las por meio de consultas aos jornais, arquivos municipais, dados estatísticos sobre a frequência de público. Não é muito diferente o caso da quinta tese, *Aspectos da Política Cultural em Budrio Com Especial Atenção à Atividade da Biblioteca Municipal*. Trata-se de dois exemplos de teses com fontes de fácil verificação, mas muito úteis por fornecerem documentação estatístico-sociológica utilizável por pesquisadores posteriores.

Ao contrário, a sexta tese constitui exemplo de uma pesquisa feita com certa disponibilidade de tempo e meios, mostrando, ao mesmo tempo, como se pode executar com bom nível científico um tema que, de início, apenas parece suscetível de uma honesta compilação. O título era *A Problemática do Ator na Obra de Adolphe Appia*. Trata-se de um autor famoso, bastante estudado pelos historiadores e críticos de teatro, e sobre o qual parece que nada mais se pode dizer de original. No entanto, o candidato lançou-se à pesquisa nos arquivos suíços, percorreu várias bibliotecas, não deixou inexplorado nenhum lugar onde Appia trabalhou, conseguindo assim elaborar uma bibliografia dos escritos de e sobre Appia (inclusive artigos menores, jamais lidos por qualquer pessoa). Com isso, pôde examinar o tema com uma amplitude e precisão que, no dizer do orientador, fazia da tese uma contribuição definitiva. Ultrapassou-se a mera compilação, tornando públicas certas fontes até então inacessíveis.

3.1.2. Fontes de primeira e de segunda mão

Quando trabalhamos sobre livros, uma fonte de primeira mão é uma edição original ou uma edição crítica da obra em apreço.

Tradução não é fonte: é uma prótese, como a dentadura ou os óculos, um meio de atingir de forma limitada algo que se acha fora do alcance.

Antologia não é fonte: é um apanhado de fontes, que pode ser útil num primeiro momento, mas fazer uma tese sobre determinado autor significa tentar ver nele coisas que outros não viram, e uma antologia só me mostra o que ninguém ignora.

Resenhas efetuadas por outros autores, mesmo completadas pelas mais amplas citações, não são fontes: são, quando muito, fontes de segunda mão.

Uma fonte é de segunda mão por várias razões. Se pretendo fazer uma tese sobre os discursos parlamentares de Palmiro Togliatti, os discursos publicados pelo *Unità* constituem fonte de segunda mão. Ninguém me garante que o redator não tenha feito cortes ou cometido erros. Fontes de primeira mão serão as atas parlamentares. Caso eu conseguisse obter o texto escrito diretamente por Togliatti, teria então uma fonte de primeiríssima mão.

A PESQUISA DO MATERIAL 51

Se desejo estudar a Declaração de Independência dos Estados Unidos, a única fonte de primeira mão é o documento autêntico. Mas também posso considerar de primeira mão uma boa fotocópia. O mesmo se diga do texto elaborado criticamente por qualquer historiógrafo de seriedade indiscutível ("indiscutível", aqui, quer dizer: jamais questionado pela literatura crítica existente). Vê-se que os conceitos de "primeira" e "segunda" mão dependem do ângulo da tese. Se esta intenta discutir 43 edições críticas existentes, é preciso remontar aos originais; se pretende discutir o sentido político da Declaração de Independência, uma boa edição crítica é mais que suficiente.

Caso pretenda fazer uma tese sobre *As Estruturas Narrativas em "Promessi Sposi"*, uma edição qualquer da obra de Manzoni será suficiente. Se, no entanto, minha intenção for discutir problemas linguísticos (digamos, *Manzoni Entre Milão e Florença),* então deverei ter à mão boas edições críticas das várias redações da citada obra.

Digamos agora que, *nos limites fixados pelo objeto de meu estudo,* as fontes devem ser sempre de *primeira mão.* A única coisa que não posso fazer é citar o meu autor por meio da citação feita por outro. Em teoria, um trabalho científico sério não deveria *jamais* citar uma citação, mesmo não se tratando do autor diretamente estudado. Contudo, existem certas exceções, especialmente para uma tese.

Se, por exemplo, você escolher *O Problema da Transcendentalidade do Belo na "Summa Theologica" de São Tomás de Aquino,* a fonte primária há de ser a *Summa* de são Tomás; e digamos que a edição Marietti atualmente no mercado basta, a menos que se venha a suspeitar que trai o original, caso em que será necessário recorrer a outras edições (mas aí a tese assumirá caráter filológico, e não estético-filosófico). Em seguida, você descobrirá que o problema da transcendentalidade do belo é também abordado por são Tomás no Comentário ao *De divinis nominibus,* do Pseudo-Dionísio: e, apesar do título restritivo de seu trabalho, você precisará compulsar também esta última obra. Enfim, descobrirá que são Tomás retomava aquele tema de toda uma tradição teológica anterior e que encontrar todas as fontes originais demandaria toda uma vida de trabalho erudito. Mas descobrirá que uma obra assim já existe, e que foi feita por Henry Pouillon, o qual, em seu vastíssimo trabalho, refere longos excertos de todos os autores que comentaram o Pseudo-Dionísio, sublinhando relações, derivações e contradições. É certo que, nos limites de sua tese, você poderá utilizar o material recolhido por Pouillon sempre que quiser referir-se a Alexandre de Hales ou a Hilduíno. Caso perceba que o texto de Alexandre de Hales é essencial ao desenvolvimento do discurso, é melhor consultá-lo diretamente na edição da Quaracchi; mas, se for apenas o caso de remeter a algumas breves citações, bastará declarar que a fonte foi obtida através do texto de Pouillon. Ninguém dirá que você agiu com leviandade, pois Pouillon é um estudioso sério e o texto que você colheu dele não constituía o alvo direto de sua tese.

A única coisa que não deverá fazer é citar uma fonte de segunda mão fingindo ter visto o original. E isso não apenas por motivos de ética profissional: imagine o que aconteceria se alguém lhe perguntasse como você conseguiu consultar diretamente o tal manuscrito, quando todos sabem que o mesmo foi destruído em 1944!

Convém, no entanto, não se deixar levar pela neurose da primeira mão. O fato de Napoleão ter morrido a 5 de maio de 1821 é conhecido de todos, geralmente através de fontes de segunda mão (livros de história escritos com base em outros livros de história). Se alguém pretendesse estudar mesmo a data da morte de Napoleão, deveria procurar documentos da época. Mas se você está tratando da influência da morte de Napoleão sobre a psicologia dos jovens liberais europeus, poderá confiar num livro qualquer de história e acatar a data como boa. O problema, quando se recorre a fontes de segunda mão (declarando-o), é controlar sua multiplicidade e averiguar se uma dada citação ou menção de um fato são confirmadas por diferentes autores. De outro modo, é preciso ter cuidado: ou se descarta aquele fato ou se recorre aos originais.

Por exemplo: tendo aludido ao pensamento estético de são Tomás, direi que alguns textos contemporâneos que discutem esse problema partem do pressuposto de que são Tomás afirmou: *pulchrum est id quod visum placet*. Ora, eu próprio, que fiz minha tese sobre esse tema, esmiucei os textos originais e descobri que são Tomás *nunca dissera semelhante coisa*. Dissera, sim, que *pulchra dicuntur quae visa placent,* não pretendo, no momento, explicar por que as duas formulações podem levar a conclusões interpretativas diversas. Que sucedera? A primeira fórmula fora proposta, há muitos anos, pelo filósofo Maritain, que presumia estar fielmente interpretando o pensamento de são Tomás, e a partir daí outros estudiosos tinham se remetido àquela fórmula (extraída de uma fonte de segunda mão) sem se preocuparem em recorrer à fonte de primeira mão.

Idêntico problema se coloca também quanto às citações bibliográficas. Precisando acabar logo a tese, você decide encaixar na bibliografia coisa que não leu, ou mesmo falar dessas obras em notas de rodapé (ou no corpo do texto, o que é ainda pior), utilizando informações colhidas aqui e ali. Poderia então acontecer de você fazer uma tese sobre o barroco, tendo lido o artigo, de Luciano Anceschi, "Bacone tra Rinascimento e Barocco", em *Da Bacone a Kant* (Bolonha, Mulino, 1972). Você o cita e depois, para mostrar sapiência, após deparar com algumas notas num outro texto, acrescenta: "Para outras observações pertinentes e estimulantes sobre o mesmo tema, ver, do mesmo autor, 'L'Estetica de Bacone', em *L'Estetica dell'empirismo inglese,* Bolonha, Alfa, 1959". Você fará triste figura quando alguém lhe observar que se trata do mesmo ensaio, republicado treze anos depois, tendo aparecido da primeira vez numa edição universitária de tiragem limitada.

Tudo quanto foi dito a respeito das fontes de primeira mão continua válido se o objeto da tese não for uma série de textos, mas um fenômeno porventura em curso. Se quero falar sobre as reações dos camponeses de uma dada região aos telejornais, é fonte de primeira mão a pesquisa que terei feito *in loco,* entrevistando, segundo regras, uma amostra fidedigna e suficiente de camponeses. Ou, no máximo, uma pesquisa análoga, recém-publicada, de uma fonte fidedigna. Mas, se eu me limitasse a citar dados de uma pesquisa de dez anos atrás, é claro que estaria agindo erradamente, quando mais não fosse porque, de então para cá, mudaram tanto os camponeses como os telejornais. Seria diferente se eu fizesse uma tese sobre *As Pesquisas Acerca da Relação Entre Público e Televisão nos Anos Sessenta.*

3.2. A PESQUISA BIBLIOGRÁFICA

3.2.1. Como usar a biblioteca

De que maneira se faz uma pesquisa preliminar na biblioteca? Quando já se dispõe de uma bibliografia segura, o passo óbvio é dirigir-se ao catálogo por autores e verificar o que a biblioteca em questão pode fornecer. Em seguida, outras bibliotecas são visitadas, e assim por diante. Mas esse método pressupõe uma bibliografia já pronta (e o acesso a uma série de bibliotecas, talvez uma em Roma e outra em Londres). Não deve ser esse o caso de meus leitores. Não pense também que seja o dos estudiosos profissionais. O interessado poderá, vez por outra, dirigir-se à biblioteca à cata de um livro que sabe existir, mas em geral não vai ali *com* a bibliografia, mas *organizar* uma.

Organizar uma bibliografia significa buscar aquilo cuja existência ainda se ignora. O bom pesquisador é aquele que é capaz de entrar numa biblioteca sem ter a mínima ideia sobre um tema e sair dali sabendo um pouco mais sobre ele.

O catálogo – Para procurarmos aquilo cuja existência ainda ignoramos, a biblioteca oferece certas facilidades. A primeira é, naturalmente, o *catálogo por assuntos*. O catálogo alfabético por autores se destina àqueles que já sabem o que querem. Para quem ainda não o sabe, há o catálogo por assuntos. Por meio dele, uma boa biblioteca informa tudo o que posso encontrar em suas salas – a queda do Império Romano do Ocidente, por exemplo.

Mas o catálogo por assuntos exige que se saiba como consultá-lo. É claro que não haverá o título "queda do Império Romano" na letra *q* (a menos que se trate de uma biblioteca com um fichário muito sofisticado). Será preciso procurar em "Império Romano", depois em "Roma", depois em "história (romana)". E se caso já dispomos de algumas informações preliminares do curso secundário, teremos o cuidado de procurar em "Rômulo Augusto" ou "Augusto (Rômulo)", "Orestes", "Odoacro", "bárbaros" e "romano-bárbaros (reinos)". Mas os problemas não param aí. Acontece que, em muitas bibliotecas, existem dois catálogos por autores e dois por assuntos, isto é, o antigo, que vai até uma certa data, e o novo, talvez em vias de complementação e que mais tarde incluirá o antigo, mas não por enquanto. E isso não quer dizer que a queda do Império Romano se encontre no antigo só por ter acontecido há muito tempo; pode haver um livro sobre o assunto publicado há apenas dois anos e incluído unicamente no catálogo novo. Em algumas bibliotecas, existem catálogos separados para diferentes temas. Em outras, autores e assuntos aparecem num só. Em outras, ainda, há catálogos distintos para livros e revistas (divididos por assuntos e autores). Em suma, é preciso estudar o funcionamento da biblioteca onde se trabalha e decidir em conformidade. Poderá ainda acontecer que se encontre uma biblioteca que tem livros no primeiro pavimento e as revistas no segundo.

Uma certa intuição também é necessária. Caso o catálogo antigo seja muito velho e estejamos procurando o verbete "retórica", será melhor dar uma olhada em "rethórica" também, pois talvez um classificador meticuloso tenha adotado a grafia antiga em todos os títulos.

Note-se, em seguida, que o catálogo por autores é sempre mais seguro que o catálogo por assuntos, dado que sua compilação independe da interpretação do bibliotecário, sempre presente naquele. Com efeito, se a biblioteca possuir um livro de Rossi Giuseppe, esse nome constará inevitavelmente no catálogo por autores. Mas se Rossi Giuseppe escreveu um artigo sobre "O Papel de Odoacro na Queda do Império Romano do Ocidente e o Estabelecimento dos Reis Romanos-Bárbaros", o bibliotecário poderá tê-lo inserido em "Roma (história de)" ou "Odoacro", enquanto você procura em "Império do Ocidente".

Mas pode ocorrer o caso de o catálogo não me dar as informações que procuro. Então, preciso começar de bases mais elementares. Em qualquer biblioteca há uma seção ou sala de Consultas, onde se encontram as enciclopédias, histórias universais e catálogos bibliográficos. Caso eu busque algo sobre o Império Romano do Ocidente, deverei investigar o que existe sobre história romana, elaborar uma bibliografia básica a partir dos volumes de consulta à minha disposição e prosseguir, a partir daí, verificando o catálogo por autores.

Catálogos bibliográficos – São os mais seguros para quem já tenha uma ideia clara do tema que pretende trabalhar. Para algumas disciplinas, existem manuais célebres nos quais se encontram todas as informações bibliográficas necessárias. Para outras, existem publicações continuamente atualizadas de catálogos ou mesmo de revistas dedicadas exclusivamente à bibliografia dessa matéria. Para outras, ainda, há revistas que trazem a cada número um apêndice informativo sobre as publicações mais recentes. A consulta dos catálogos bibliográficos – na medida em que estiverem atualizados – é essencial como complemento da pesquisa no catálogo da biblioteca. Com efeito, a biblioteca pode ser muito bem servida no que diz respeito a obras mais antigas e ser carente de trabalhos mais novos. Ou pode proporcionar-nos histórias e manuais datados da disciplina em questão, por exemplo, de 1960, com utilíssimas indicações bibliográficas, mas sem que se possa saber se saiu algo interessante em 1975 (talvez a biblioteca possua essas obras recentes, mas as tenha classificado num assunto em que não se tenha pensado). Ora, um catálogo bibliográfico atualizado dá-nos exatamente essas informações sobre as últimas contribuições à matéria.

O modo mais cômodo de escolher os catálogos bibliográficos é, em primeiro lugar, solicitar os títulos ao orientador da tese. Em segunda instância, pode-se recorrer ao bibliotecário (ou ao encarregado do departamento de informações), o qual provavelmente nos indicará a sala ou a estante em que esses catálogos estão à disposição. Não é possível dar mais conselhos sobre esse ponto, pois, como se disse, o problema varia muito de disciplina para disciplina.

O bibliotecário – É preciso superar a timidez, pois, com frequência, o bibliotecário nos orientará com segurança, fazendo-nos ganhar muito tempo. Devemos pensar que (afora casos de diretores muito ocupados ou neuróticos) um diretor de biblioteca, principalmente se for pequena, se delicia em demonstrar duas coisas: a excelência de sua memória e de sua erudição e a riqueza da biblioteca que dirige. Quanto mais longe do centro e menos frequentada, mais ele se preocupa por ela ser desconhecida. E, naturalmente, regozijar-se-á por uma pessoa pedir ajuda.

É claro que, se por um lado se deve contar muito com a ajuda do bibliotecário, por outro, não convém confiar nele cegamente. Escute seus conselhos, mas procure também outras coisas por conta própria. O bibliotecário não é um perito universal e, além do mais, ignora que tratamento específico queremos dar ao nosso estudo. Pode considerar fundamental uma obra que nos servirá muito pouco e não outra que nos será, ao contrário, utilíssima, mesmo porque não existe *a priori* uma hierarquia de obras úteis e importantes.

A PESQUISA DO MATERIAL

Para os objetivos de nossa pesquisa, uma ideia contida quase por engano na página de um livro de outra forma inútil (e considerado irrelevante por quase todos) pode revelar-se decisiva; tal página precisa ser descoberta por nós, com empenho e um pouco de sorte, sem esperar que ela nos seja oferecida numa bandeja de prata.

Consultas interbibliotecas, catálogos computadorizados e empréstimos de outras bibliotecas – Muitas bibliotecas publicam catálogos atualizados de suas aquisições: portanto, em algumas delas e para certas disciplinas, é possível consultar catálogos que informam sobre o que se pode encontrar em outras bibliotecas nacionais e até mesmo estrangeiras. Também aqui convém pedir informações ao bibliotecário. Existem bibliotecas especializadas e informatizadas, que nos podem dizer em poucos segundos onde um determinado livro se encontra. A pesquisa pode ser realizada pelo nome do autor, o título do livro, o assunto, a coleção, a editora, o ano de publicação etc.

Será difícil encontrar uma biblioteca com semelhantes facilidades em nosso país, mas convém informar-se antes.

Uma vez detectado o livro em outra biblioteca, nacional ou estrangeira, não se esqueça que, em geral, existe um *serviço de empréstimos interbibliotecas*, nacional ou internacional. Isso leva algum tempo, mas, em se tratando de livros muito raros, vale a pena tentar. Tudo depende de se a biblioteca a quem se dirige o pedido empresta esse livro (algumas só fornecem cópias), razão pela qual se deve estudar as possibilidades para cada caso, se possível com o auxílio do professor. De qualquer forma, lembre-se de que muitas vezes as instituições existem, mas não funcionam porque não as acionamos.

Por exemplo, na Itália, para saber se determinado livro existe, e em que biblioteca, podemos nos dirigir ao

Centro Nazionale de Informazioni Bibliografiche
Biblioteca Nazionale Centrale Vittorio Emanuele II
00186 – ROMA – Itália

ou ao

Consiglio Nazionale delle Riccerche
Centro Nazionale Documentazione Scientifica
Piazzale delle Scienze 7 – tel. 490151
ROMA – Itália

Lembre-se também que muitas bibliotecas possuem uma lista das novas aquisições, ainda não inseridas no catálogo. Finalmente, não se esqueça de que, se está fazendo um trabalho sério, no qual o próprio orientador está interessado, talvez possa convencer sua faculdade a *adquirir* alguns textos importantes aos quais, de outro modo, não se pode ter acesso.

3.2.2. Como abordar a bibliografia: o fichário

Naturalmente, para organizar uma bibliografia de base, cumpre manusear muitos livros. E muitas bibliotecas só liberam um ou dois de cada vez, resmungam se você volta depressa demais para trocá-los, fazem-no perder muito tempo entre uma requisição e outra.

Por isso, é aconselhável não procurar ler, de uma assentada, todos os livros encontrados, mas elaborar a bibliografia básica. Nesse sentido, a consulta preliminar dos catálogos permitirá que se faça os pedidos quando já se dispõe da lista. Mas a lista obtida dos catálogos poderá não dizer coisa alguma, e ficamos sem saber qual livro deve ser pedido em primeiro lugar. Por isso, a consulta dos catálogos deverá ser acompanhada de uma averiguação preliminar dos livros da sala de consultas. Quando se encontra um capítulo sobre o tema escolhido, com a respectiva bibliografia, pode-se lê-lo rapidamente (para retomá-lo mais tarde), mas deve-se passar imediatamente à bibliografia e copiá-la *inteira*. Ao fazê-lo, entre o capítulo consultado e as eventuais notas que acompanham a bibliografia, se for organizada racionalmente, far-se-á uma ideia de quais são os livros, dentre os enumerados, que o autor considera básicos, e se poderá depois pedi-los. Além disso, ao se examinar não uma, mas várias obras de consulta, já se terá feito um controle cruzado das bibliografias e descoberto quais as obras mais citadas por todos. Terá, assim, estabelecido uma hierarquia inicial. Semelhante hierarquia talvez seja questionada no curso de seu trabalho, mas por enquanto é um bom ponto de partida.

Objetar-se-á que, se há dez obras de consulta, copiar a bibliografia de cada uma é trabalho longo e estafante; ademais, arriscamo-nos a ter de consultar centenas de livros, mesmo fazendo uso do controle para eliminar os repetidos (colocando a primeira bibliografia em ordem alfabética, o controle das outras é facilitado). Mas toda biblioteca que se preze dispõe de uma copiadora xerográfica, fornecendo cópias a baixo preço. Uma bibliografia específica numa obra de consulta, salvo casos excepcionais, ocupa poucas páginas. Com umas poucas liras você poderá xerocar uma série de bibliografias e depois, em casa, organizá-las com calma. Somente depois disso você voltará à biblioteca para averiguar o que realmente lhe será possível obter. A essa altura, ter uma ficha para cada livro se mostrará útil, uma vez que, em cada uma delas, você poderá anotar a sigla da biblioteca e onde ele se localiza (uma ficha poderá conter também várias siglas e várias localizações onde os livros se encontram; mas também haverá fichas sem siglas e isso será uma desgraça, nossa ou da nossa tese).

Ao procurar uma bibliografia, à medida que vou me deparando com os títulos, ver-me-ei tentado a anotá-los num caderno. A seguir, quando for verificá-los num catálogo por autores, se os livros identificados na bibliografia estão disponíveis *in loco,* anoto ao lado do título a localização. Mas, se tiver anotado muitos títulos (e, numa primeira pesquisa sobre determinado tema, eles facilmente podem chegar a centenas, salvo se se decidir que muitos devem ser deixados de lado), a certa altura não conseguirei mais encontrá-los.

Portanto, o sistema mais cômodo é o de um pequeno *arquivo de fichas.* À medida que vou encontrando os livros, uma ficha é aberta para cada um. Ao descobrir que um livro existe em dada biblioteca, anoto esse fato. Tais fichas são encontradas em qualquer papelaria e são baratas. Mas pode-se fazê-las em casa. Cem ou dezenas delas ocupam pouco espaço e podem ser levadas na bolsa toda vez que se for à biblioteca. No fim, você terá uma imagem clara do que poderia encontrar e do que já encontrou, tudo em ordem alfabética e de fácil acesso. Querendo, você poderá organizar a ficha de modo que no alto, à direita, conste a localização na biblioteca; no alto, à esquerda, uma sigla convencional que informa se o livro lhe interessa como referência geral, como fonte para um capítulo etc.

É claro que se você não tiver paciência para manter um fichário, poderá recorrer ao caderno. Mas os inconvenientes são evidentes: talvez você anote na primeira página os autores que começam com A, na segunda os que começam com B, e, após preencher a primeira, não saberá mais onde enfiar um artigo de Azzimonti Federico ou de Abbati Gian Saverio. Melhor seria adotar o método das listas telefônicas. Abbati não virá antes de Azzimonti, mas ambos estarão nas quatro páginas reservadas à letra A. Em todo caso, o arquivo de fichas é o melhor e poderá servir-lhe para outro trabalho quando você tiver terminado a tese, ou ser emprestado a outra pessoa que vá trabalhar com o mesmo tema.

No Capítulo 4 falaremos de outros tipos de arquivos, como o *arquivo de leitura,* o *arquivo de ideias* ou o *arquivo de citações* (e veremos também em que casos semelhante proliferação de fichas se faz necessária). Aqui, cumpre insistir que o arquivo bibliográfico não deverá ser identificado com o de leitura, e por isso anteciparemos desde já algumas ideias a respeito deste último.

O *arquivo de leitura* compreende fichas, de preferência em formato grande, dedicadas aos livros (ou artigos) que você, de fato, leu: nelas você registrará resumos, opiniões, citações, enfim, tudo que puder servir para referir o livro lido no momento da redação da tese (quando já não terá o livro à sua disposição) e da *bibliografia final.* Esse arquivo não precisa ser portátil e, em vez de fichas, poderá ser formado de folhas grandes (embora o formato de ficha facilite o manuseio).

O *arquivo bibliográfico* já é diferente: registrará *todos os livros a serem procurados,* e não só os que você encontrou e leu. Pode-se ter um arquivo bibliográfico de dez mil títulos e um de leitura de dez – apesar de tal situação sugerir que a tese começou muito bem e acabou muito mal.

O arquivo bibliográfico deve nos acompanhar sempre que formos a uma biblioteca. Suas fichas registram apenas os dados essenciais do livro em questão e a sua localização nas bibliotecas exploradas. No máximo, conterão anotações do tipo "muito importante segundo o autor x" ou "a ser encontrado de qualquer maneira" ou, ainda, "fulano disse que é obra de pouca valia" e até "a ser comprado". Isso é tudo. Uma ficha de leitura pode ser múltipla (um livro pode dar origem a várias fichas de anotação), mas a bibliográfica é apenas uma.

Quanto melhor elaborado for o fichário, mais um arquivo bibliográfico poderá ser conservado e integrado em pesquisas

A PESQUISA DO MATERIAL   61

posteriores, ou emprestado (ou mesmo vendido): razões de sobra
para elaborá-lo bem e de forma legível. Não convém garatu-
jar um título, porventura errado, em caracteres estenográficos.
Frequentemente o arquivo bibliográfico inicial (após terem sido
assinalados nas fichas os livros encontrados, lidos e classificados
no arquivo de leitura) *pode constituir a base para a redação da
bibliografia final.*

São essas, pois, as nossas instruções para o registro correto
dos títulos, ou seja, *as normas de citação bibliográfica.* Elas são
válidas para:

1. *A ficha bibliográfica*
2. *A ficha de leitura*
3. *A citação dos livros em notas de rodapé*
4. *A redação da bibliografia final*

e deverão ser retomadas nos diversos capítulos em que nos ocu-
parmos dessas fases do trabalho. *Mas são fixadas aqui de uma vez
por todas.* Tratam-se de normas muito importantes e você deverá
ter a paciência de familiarizar-se com elas. Note que são, acima
de tudo, normas *funcionais* por permitirem a qualquer um identificar o livro de que se fala. Mas são também normas – por assim
dizer, de *etiqueta erudita*: sua observação revela que a pessoa está
familiarizada com a disciplina – que, quando violadas, traem o
parvenu científico e, por vezes, lançam uma sombra de descrédito sobre um trabalho em tudo o mais bem feito. Não são, pois,
normas vãs, desprovidas de conteúdo, meros caprichos de teóricos. No esporte, na filatelia, no bilhar, na política, quem quer que
empregue mal as "expressões-chave" é olhado com suspeita, como
uma espécie de intruso, alguém que não é "dos nossos". É preciso
amoldar-se às regras do grupo a que se deseja pertencer – quem
mija sozinho ou é ladrão ou é espião.

Além disso, para violar regras ou opor-se a elas importa antes
de tudo *conhecê-las* e, eventualmente, saber mostrar sua incon-
sistência ou função meramente repressiva. Antes de afirmar que
não é necessário sublinhar o título de um livro, é mister saber *o
que* se sublinha e *por que* se sublinha.

3.2.3. A citação bibliográfica

Os livros – Eis um exemplo de citação errada:

Wilson, J., "Philosophy and religion", Oxford, 1961.

A citação está errada pelas seguintes razões:

1. Fornece apenas a inicial do prenome do autor. A inicial não basta, sobretudo porque, de uma pessoa, quero sempre saber o nome e o sobrenome; depois, porque pode haver dois autores com o mesmo sobrenome e com a mesma inicial. Se leio que o autor do livro *Clavis universalis* é P. Rossi, jamais saberei se se trata do filósofo Paolo Rossi, da Universidade de Florença, ou do filósofo Pietro Rossi, da Universidade de Turim. Quem é J. Cohen? O crítico e estetólogo francês Jean Cohen ou o filósofo inglês Jonathan Cohen?

2. Não é preciso colocar entre aspas o título do livro, pois é costume quase universal fazer isso com títulos de capítulos ou artigos de revista. Em todo caso, seria melhor escrever *Religion* com R maiúsculo, porquanto os títulos anglo-saxões empregam com maiúsculas substantivos, adjetivos e verbos, e com minúsculas artigos, partículas, preposições e advérbios (exceto quando constituem a última palavra do título: *The Logical Use of If*).

3. É errado dizer *onde* um livro foi publicado e não esclarecer *por quem*. Suponha que você encontre um livro que considere importante, que gostaria de comprar e que traga a indicação: "Milão. 1975". Qual a editora? Mondadori, Rizzoli, Rusconi, Bompiani, Feltrinelli, Vallardi? Como poderá o livreiro ajudá-lo? E se a indicação for: "Paris, 1976", para onde você escreverá? O nome da cidade só bastará se se tratar de obras antigas ("Amsterdã, 1678"), encontráveis só em bibliotecas ou em circuitos restritos de antiquários. Se um livro trouxer a indicação "Cambridge", de que cidade se trata? De Cambridge da Inglaterra ou dos Estados Unidos? Há muitos autores importantes que só mencionam a cidade nos livros. A menos que trate de verbetes de enciclopédia (que usam critérios de brevidade para economizar espaço), esteja certo de que se trata de autores esnobes, que desprezam seu público.

4. De qualquer forma a citação "Oxford" está errada. Tal livro *não* foi editado em Oxford. Foi, como está no frontispício, pela

A PESQUISA DO MATERIAL 63

Oxford University Press, que é uma editora com sede em Londres (bem como em Nova York e em Toronto). Além do mais, foi impresso em Glasgow, mas menciona-se sempre o local da *edição*, não o da *impressão* (salvo para os livros antigos, quando os dois locais coincidem, pois o editor era ao mesmo tempo impressor e livreiro). Encontrei numa tese um livro indicado como "Bompiani, Farigliano" porque tinha sido impresso (como se evidenciava pelo "acabado de imprimir") em Farigliano. Quem comete tais disparates dá a impressão de nunca ter visto um livro em sua vida. Para sua segurança, não se contente com os dados do frontispício, mas vá até a página seguinte, a do *copyright*. Lá você encontrará o local verdadeiro da edição, a data e o número da edição.

Limitando-se ao frontispício, poderá incorrer em erros patéticos, como aqueles desavisados que, para os livros publicados pela Yale University Press, Cornell University Press e Harvard University Press, indicam como local de publicação Yale, Cornell e Harvard: nomes não de localidades, mas de célebres universidades particulares. Os locais são New Haven, Cambridge (Massachusetts) e Ithaca. Seria o mesmo se um estrangeiro se deparasse com um livro editado pela Università Cattolica e o desse como publicado na jovial cidadezinha balneária da costa adriática. Última advertência: é bom mencionar a cidade da edição sempre na *língua original*. Portanto, Milano e não Milão, London e não Londres.

5) Quanto à data, está certa por acaso. Nem sempre a assinalada no frontispício é a verdadeira. Pode ser a da última edição. Apenas na página do *copyright* você encontrará a data da primeira edição (e poderá descobrir que a primeira edição foi publicada por outra editora). A diferença às vezes se revela importante. Suponha que você depare com uma citação assim:

Searle, J., *Speech Acts*, Cambridge, 1974.

Afora outras inexatidões, se consultarmos o *copyright* descobriremos que a primeira edição é de 1969. Ora, pode ser que, em sua tese, se trate de estabelecer se Searle falou dos *speech acts* antes ou depois de outros autores, razão pela qual a data da primeira edição é fundamental. Além disso, ao se ler com atenção o prefácio do livro, dar-se-á conta de que sua tese principal foi apresentada como dissertação de PhD em Oxford no ano de 1959 (dez anos antes, portanto) e de que, no entretempo, várias partes do livro apareceram em inúmeras revistas filosóficas.

Ninguém pensaria em fazer uma citação destas:

Manzoni, Alessandro, *I promessi sposi,* Molfetta, 1976.

apenas por ter em mãos uma edição recente aparecida em Molfetta. Ora, quando se trabalha sobre um autor, Searle equivale a Manzoni: você não deve difundir ideias erradas sobre seu trabalho, jamais. E se ao estudarmos Manzoni, Searle ou Wilson utilizarmos uma edição posterior, revista e aumentada, precisaremos especificar a data da primeira edição tanto quanto a da que você utilizou.

Agora que já vimos como não se deve citar um livro, examinemos a seguir cinco maneiras de citar corretamente os dois livros que mencionamos. Fique claro que existem outros critérios, cada um dos quais válido enquanto permitir: (a) distinguir livros de artigos ou de capítulos de outros livros; (b) determinar sem equívocos o nome do autor e o título; (c) determinar o local de publicação, editora e edição; (d) determinar, eventualmente, a espessura ou a dimensão do livro. Desse modo, os exemplos que damos são todos bons de um modo geral, embora prefiramos o primeiro por várias razões:

1. Searle, John R. *Speech Acts – An Essay in the Philosophy of Language.* 1.ª ed., Cambridge, Cambridge University Press, 1969 (5.ª ed., 1974), pp. VIII-204.
Wilson, John. *Philosophy and Religion – The Logic of Religious Belief.* London, Oxford University Press, 1961, pp. VIII-120.
2. Searle, John R., *Speech Acts* (Cambridge: Cambridge, 1969).
Wilson, John, *Philosophy and Religion* (London: Oxford, 1961).
3. *Searle, John R.,* Speech Acts, Cambridge, Cambridge University Press, 1.ª ed., 1969 (5.ª ed., 1974), pp. VIII-204.
Wilson, John, Philosophy and Religion, London, Oxford University Press, 1961, pp. VIII-120.
4. Searle, John R., Speech Acts. London: Cambridge University Press, 1969.
Wilson, John, Philosophy and Religion. London: Oxford University Press, 1961.
5. SEARLE, John R.
1969 *Speech Acts – An Essay in the Philosophy of Language.* Cambridge, Cambridge University Press (5.ª ed., 1974), pp. VIII-204.
WILSON, John
1961 *Philosophy and Religion – The Logic of Religious Belief.* London, Oxford University Press, pp. VIII-120.

A PESQUISA DO MATERIAL

Existem, naturalmente, soluções mistas: no exemplo 1, o sobrenome do autor poderia aparecer em maiúsculas, como no 5; no exemplo 4, o subtítulo poderia constar, como no 1 e no 5. E há também, como veremos, sistemas ainda mais complicados, que chegam a mencionar o nome da coleção.

Em todo caso, consideramos válidos esses cinco exemplos. Deixamos de parte, por ora, o exemplo 5, caso de bibliografia especializada (sistema de referência autor-ano), do qual falaremos mais adiante, tanto a propósito das notas como da bibliografia final. O segundo exemplo é tipicamente americano, sendo mais usado em notas de rodapé do que em bibliografias finais. O terceiro, alemão por excelência, é muito raro hoje em dia, e não acho que ofereça qualquer vantagem. O quarto é bastante usado nos Estados Unidos e considero-o extremamente antipático, pois não permite distinguir logo o título da obra. Já o sistema número 1 nos diz tudo o que é preciso, informa com clareza que se trata de um livro e qual a espessura desse livro.

As revistas – Veremos quão cômodo é esse sistema procurando citar de três modos diferentes um artigo de revista[1]:

ANCESCHI, Luciano. "Orizzonte della poesia". *Il Verri* 1 (NS), fevereiro 1962: 6-21.
ANCESCHI, Luciano. "Orizzonte della poesia", *Il Verri* 1 (NS), pp. 6-21.
ANCESCHI, Luciano. *Orizzonte della poesia,* in "Il Verri", fevereiro 1962, pp. 6-21.

Haveria ainda outros sistemas, mas vejamos desde já o primeiro e o terceiro. O primeiro coloca entre aspas o artigo e em grifo a revista; o terceiro traz o artigo em grifo e a revista entre aspas. Por que o *primeiro é preferível?* Porque permite, à primeira olhada, saber que "Orizzonte della poesia" não é um livro e sim um texto curto. Assim, os artigos de revista entram na mesma categoria (como se verá) dos capítulos de livros e de atas de congressos. É claro que o segundo exemplo é uma variação do primeiro; elimina apenas a referência à data de publicação. Mas, se o primeiro me fornece até a data do artigo e o segundo não, este é defeituoso. Teria sido melhor colocar, pelo menos: *Il Verri* 1, 1962. Você notará que ali consta também a indicação (NS), ou seja, "Nova Série". E isso é importantíssimo porque *Il Verri* teve uma primeira série com outro número 1, de 1956. Sendo preciso citar aquele número

---

1 Como no Brasil é mais usado o sobrenome do autor em maiúsculo, foi adotada essa forma (N. do T.).

(que, obviamente, não poderia trazer a indicação "série antiga"), o melhor será proceder assim:

GORLIER, Claudio. "L'Apocalisse di Dylan Thomas". *Il Verri* I, 1, outono 1956, pp. 39-46.

em que, como se vê, além do número, está especificada a "safra". A outra citação poderia ser reformulada como segue:

ANCESCHI, Luciano. "Orizzonte della poesia". *Il Verri* VII, 1, 1962, pp. 6-21.

Note-se, ademais, que certas revistas numeram os fascículos progressivamente, durante o ano (ou por *volume*: e, num ano, podem ser publicados mais volumes). Assim, caso se queira, o número do fascículo pode ser omitido, bastando registrar o ano e a página. Exemplo:

GUGLIELMI, Guido. "Tecnica e letteratura". *Lingua e stile*, 1966, pp. 323-340.

Se folhear a revista na biblioteca, descobrirei que a página 323 está no terceiro fascículo da primeira "safra". Mas não percebo a razão de submeter o leitor a semelhante ginástica (embora o façam alguns autores) quando seria mais cômodo escrever:

GUGLIELMI, Guido. "Tecnica e letteratura". *Lingua e stile*, I, 1, 1966.

Destarte, mesmo não fornecendo a página, o artigo pode ser encontrado mais facilmente. Pensem também que, caso eu pretendesse pedir um número atrasado ao editor, não a página, mas o número é que me interessaria. Todavia, a indicação das páginas inicial e final servem-me para saber se se trata de um artigo longo ou de uma breve nota, constituindo, pois, indicação sempre recomendável.

Vários autores e "Organizado por" – Passemos agora aos capítulos de obras mais vastas, sejam elas coletâneas e ensaios de um mesmo autor ou de vários. Eis um exemplo simples:

MORPURGO-TAGLIABUE, Guido. "Aristotelismo e Barroco". In: VVAA, *Retorica e Barocco*. Atti del III Congresso Internazionale di Studi Umanistici, Venezia, 15-18, junho 1954, organizado por Enrico Castelli, Roma, Bocca, pp. 119-196.

Que me diz semelhante indicação? Tudo o que preciso, a saber:

A PESQUISA DO MATERIAL

(a) Trata-se de um texto inserido numa coletânea de outros textos; portanto, o de Morpurgo-Tagliabue não é um livro, embora pelo número de páginas (77) se conclua que é um estudo bastante consistente.

(b) A coletânea traz o título de *Retorica e Barocco*, reunindo textos de vários autores (VVAA).

(c) Tal coletânea constitui a documentação de uma convenção. Sabê-lo é importante porque, em algumas bibliotecas, posso descobrir que o volume está etiquetado sob "Atas de convenções e congressos".

(d) A coletânea foi organizada por Enrico Castelli. Dado de superior importância, não apenas porque em algumas bibliotecas poderei encontrá-la sob o nome "Castelli, Enrico", mas também porque os nomes de vários autores não aparecem na forma anglo-saxônica (vários autores), mas sob o nome do organizador. Portanto, o volume apareceria assim numa bibliografia italiana:

VVAA. *Retorica e Barocco.* Roma, Bocca, 1955, pp. 256, 20 tav.

mas numa bibliografia americana tomaria a seguinte forma:

Castelli, Enrico (ed.), *Retorica e Barocco,* etc.

em que "ed." significa "editor" ou organizador ou, ainda, "organizado por" ("eds." quer dizer que há mais de um organizador).

Por imitação do uso americano, registrar-se-ia esse livro como:

Castelli, Enrico (organizado por), *Retorica e Barocco,* etc.

São coisas que se deve saber para descobrir um livro num catálogo de biblioteca ou numa outra bibliografia.

Como veremos no parágrafo 3.2.4., a propósito de um experimento concreto de pesquisa bibliográfica, a primeira citação que encontrarei desse artigo, na *Storia della letteratura italiana* de Garzanti, falará nos seguintes termos do ensaio de Morpurgo-Tagliabue:

a considerar... a coletânea *Retorica e Barocco, Atti del III Congresso Internazionale di Studi Umanistici,* Milano, 1955, e particularmente o importante ensaio de G.Morpurgo-Tagliabue, *Aristotelismo e Barocco.*

Trata-se de uma péssima indicação bibliográfica, dado que: (a) não nos diz o nome próprio do autor; (b) leva a crer que o congresso se reuniu em Milão ou que o editor é de Milão (e ambas as alternativas estão erradas); (c) não informa quem é o editor; (d) não diz a extensão do ensaio; (e) nem quem foi o organizador do volume, mesmo deixando entrever, com a antiquada expressão "coletânea", que se trata de uma reunião de textos de vários autores.

Falharíamos se fizéssemos o mesmo em nossa ficha bibliográfica. Devemos deixar ali espaços em branco para as indicações que por ora faltam. Desse modo, anotaremos o livro da seguinte forma:

Morpurgo-Tagliabue, G.
"Aristotelismo e Barocco", in vvaa, *Retorica e Barocco* – Atti del iii Congresso Internazionale di Studi Umanistici, ..., organizado por ..., Milano, ... 1955, pp...,

de maneira que, nas lacunas, possam depois entrar as informações que colheremos em outra bibliografia, no catálogo da biblioteca ou mesmo no próprio livro.

Muitos autores e nenhum organizador – Suponhamos agora que desejemos registrar um ensaio aparecido num livro que é obra de quatro diferentes autores, sem que nenhum deles se apresente como organizador. Tenho em mãos, à guisa de exemplo, um livro alemão contendo quatro ensaios, respectivamente de T.A. van Djik, Jens Ihwe, Janos S. Petöfi e Hannes Rieser. Por comodidade, num caso assim, indica-se apenas o primeiro autor, seguido do *et al.*, que significa *et alii:*

djik, T.A. van *et al., Zur Bestimmung narrativer Strukturem, etc.*

Vejamos agora um caso mais complexo. Trata-se de um longo artigo que aparece no terceiro tomo do 12.º volume de uma obra coletiva, da qual cada volume tem um título distinto do da obra como um todo:

hymes, Dell. "Anthropology and Sociology". In: sebeok, Thomas A., org., *Current Trends in Linguistics,* vol. xii, *Linguistics and Adjacent Arts and Sciences,* t. 3, The Hague, Mouton, 1974, pp. 1445-1475.

Isso para citar o artigo de Dell Hymes. Se tiver, ao contrário, de citar a obra como um todo, o que o leitor espera saber não é

A PESQUISA DO MATERIAL

mais *em qual* volume se encontra Dell Hymes, mas em *quantos volumes* é a obra:

SEBEOK, Thomas A., org., *Current Trends in Linguistics*, The Hague, Mounton, 1967-1976, 12 vols.

Quando tenho de citar um ensaio contido num volume de ensaios do mesmo autor, o procedimento não difere do caso de vários autores, salvo que lá omito o nome do autor antes do livro:

ROSSI-LANDI, Ferruccio. "Ideologia come progettazione sociale". In: *Il linguaggio come lavoro e come mercato*, Milano, Bompiani, 1968, pp. 193-224.

Note-se que, usualmente, o título do capítulo é *in* um dado livro, ao passo que o artigo de revista não é *in* a revista, seguindo-se o nome desta diretamente ao título do artigo.

A série – Um sistema de citação mais perfeito aconselha anotar também a coleção na qual o livro aparece. Trata-se de uma informação dispensável, a meu ver, pois a obra já fica suficientemente determinada com a menção de autor, título, editor e ano de publicação. Mas em algumas disciplinas a coleção pode constituir uma garantia ou a indicação de uma certa tendência científica. A coleção se anota entre aspas após o título e traz o número de ordem do volume:

ROSSI-LANDI, Ferruccio. *Il linguaggio come lavoro e come mercato*. "Nuovi Saggi Italiani 2", Milano, Bompiani, 1968, pp. 242.

Anônimos, Pseudônimos etc. – Há ainda os casos de autores anônimos, de pseudônimos e de artigos de enciclopédia com siglas.

No primeiro caso, basta colocar, no lugar do nome do autor, a palavra "Anônimo". No segundo, fornecer depois do pseudônimo o nome verdadeiro (se conhecido) entre parênteses, eventualmente seguido de um ponto de interrogação, caso se trate de uma hipótese válida. Caso se trate de um autor reconhecido como tal pela tradição, mas cuja figura histórica foi posta em dúvida pela crítica recente, deve-se registrá-lo como "Pseudo". Exemplo:

Longino (Pseudo), *Del Sublime*.

70

No terceiro caso, embora o verbete "Secentismo" da Enciclopédia Treccani apareça com a sigla "M.Pr.", vai-se ao início do volume, à lista de abreviaturas, onde se verifica tratar-se de Mario Praz. Portanto:

M(ario) Pr(az), "Secentismo", *Enciclopédia Italiana* XXXI.

Agora in – Existem obras que são agora acessíveis num volume de ensaios do mesmo autor ou numa antologia de uso corrente, mas que apareceram pela primeira vez em revista. Caso se trate de uma referência marginal ao tema da tese, pode-se mencionar a fonte mais acessível; entretanto, se se trata de obras sobre as quais a tese se apoia especificamente, então os dados da *primeira* publicação passam a ser essenciais por razões de exatidão histórica. Nada impede que se use a edição mais acessível, mas se a antologia ou o volume de ensaios forem bem feitos, deve-se encontrar neles a referência à primeira edição do trabalho em questão. A partir dessa indicação, pode-se organizar referências bibliográficas assim:

KATZ, Jerrold J. e FODOR, Jerry A. "The Structure of a Semantic Theory", *Language* 39, 1963, pp. 170-210 (agora in FODOR, Jerry A., e KATZ, Jerrold J., eds., *The Structure of Language,* Englewood Cliffs, Prentice-Hall, 1964, pp. 479-518).

Quando usarmos a bibliografia especializada autor-data (de que falaremos em 5.4.3.), colocaremos como data externa a da primeira publicação:

KATZ, Jerrold J. e FODOR, Jerry A.
1963 "The Structure of a Semantic Theory", *Language* 39 (agora in FODOR, J.A. e KATZ J.A., eds., *The Structure of Language,* Englewood Cliffs, Prentice-Hall,1964,pp. 479-518).

Citações de jornais – As citações de jornais e semanários funcionam como as de revistas, salvo que é mais oportuno (por motivos de localização) colocar a data antes do número. Precisando citar de passagem um artigo, não é estritamente necessário mencionar também a página (embora seja sempre útil), nem, no caso de jornais diários, indicar a coluna. Mas, se for o caso de um estudo específico sobre a imprensa, então tais indicações se tornam quase indispensáveis:

NASCIMBENI, Giulio. "Come l'Italiano santo e navigatore è diventato bipolare", *Corriere della Sera*, 25.6.1976, p. 1, col. 9.

Para os jornais que não tenham uma difusão nacional ou internacional (ao contrário do que acontece com *The Times, Le Monde* ou o *Corriere della Sera*), convém especificar a cidade: cf. II *Gazzettino* (Veneza), 7.7.1975.

Citações de documentos oficiais ou de obras monumentais – Para os documentos oficiais, existem abreviaturas e siglas que variam de disciplina para disciplina, tal como existem abreviaturas típicas e trabalhos sobre manuscritos antigos. Aqui, só podemos remeter o leitor à literatura específica, em que se inspirará. Lembremos apenas que, no âmbito de uma dada disciplina, certas abreviaturas são de uso corrente e você não precisará dar outros esclarecimentos. Para um estudo sobre as atas do congresso americano, um manual aconselha citações assim:

S. Res. 218, 83d Cong., 2d Sess., 100 Cong. Rec. 2972 (1954).

que os especialistas leem como:

Senate Resolution number 218 adopted at the second session of the Eighty-Third Congress, 1954, and recorded in volume 100 of the *Congressional Record* beginning on page 2972.

Analogamente, num estudo sobre filosofia medieval, quando se indicar um texto como encontrável em P.L. 175, 948 (ou PL, CLXXV, col. 948), qualquer pessoa saberá que a referência é à coluna 948 do 175.º volume da *Patrologia Latina* de Migne, uma coletânea clássica de textos latinos da Idade Média cristã. Mas, caso esteja elaborando *ex novo* uma bibliografia em fichas, será conveniente que, da primeira vez, se anote a referência completa da obra, mesmo porque na bibliografia geral será melhor citá-la por extenso:

Patrologiae Cursus Completus, Series Latina, J.P. Migne, org., Paris, Garnier, 1844-1866, 222 vols. (+ *Supplementum,* Turnhout, Brepols, 1972).

Citações de clássicos – Para citar obras clássicas, existem convenções quase universais, do tipo título-livro-capítulo, parte-parágrafo ou canto-verso. Certas obras se acham divididas segundo critérios que remontam à Antiguidade; quando organizadores modernos lhes sobrepõem outras divisões, costumam conservar também a tradicional. Portanto, se quisermos citar a definição do princípio da não contradição da *Metafísica* de Aristóteles, a citação será: *Met.* IV, 3, 1005b, 18.

Um trecho dos *Collected Papers* de Charles S. Peirce costuma citar-se: CP, 2.127.

Um versículo da Bíblia aparecerá como: 1 *Sam.* 14:6-9.

As comédias e tragédias clássicas (e as modernas) citam-se colocando o ato em algarismos romanos, a cena em arábicos e, eventualmente, o verso ou os versos: *Megera,* IV, 2:50-51. Os anglo-saxões preferem: *Shrew,* IV, ii, 50-51.

É claro que o leitor da tese deve saber que *Megera* quer dizer *A Megera Domada* de Shakespeare. Se a tese for sobre teatro elisabetano, não há problema. Mas se a citação aparecer como requinte numa tese de psicologia, será melhor fazer uma citação mais completa.

O principal critério deve ser o da praticidade e clareza: se me refiro a um verso de Dante como II, 27.40, posso intuir que se trata do verso 40 do 27.º canto da segunda parte. Mas um apreciador preferiria Purg. XXVII, 40, sendo conveniente ater-se aos usos disciplinares – que constituem um segundo critério, mas não menos importante.

Naturalmente, é preciso ficar atento aos casos ambíguos. Por exemplo, os *Pensamentos* de Pascal trazem um número diferente conforme se trate da edição de Brunswick ou de outra, pois sua ordenação difere. Tais coisas se aprendem na leitura da literatura crítica sobre o próprio tema.

Citações de obras inéditas e documentos privados – Teses, manuscritos e similares são especificados como tais. Dois exemplos:

LA PORTA, Andrea. *Aspetti di una teoria dell'esecuzione nel linguaggio naturale.* Tese apresentada à Faculdade de Letras e Filosofia, Bolonha, A.A. 1975-76.
VALESIO, Paolo. *Novantiqua: Rhetorics as a Contemporary Linguistic Theory.* Original datilografado em curso de publicação (cortesia do autor).

Assim também se podem citar cartas e comunicações pessoais. Sendo de importância secundária, basta dedicar-lhes uma nota, mas se tem uma importância decisiva para nossa tese, integrarão também a bibliografia:

A PESQUISA DO MATERIAL

Smith, John, Carta pessoal do autor (5.1.1976).

Como se verá em 5.3., para esse tipo de citação é de boa política solicitar a permissão de quem nos fez o comunicado pessoal e, caso este tenha sido verbal, submeter-lhe nossa transcrição para ser aprovada.

Originais e traduções – A rigor, um livro seria sempre consultado e citado no original. Mas a realidade é bem outra, sobretudo por existirem línguas que, no consenso geral, não é *indispensável* conhecer (como o búlgaro) e outras que não se é *obrigado* a saber (supõe-se que todo mundo sabe um pouco de inglês e francês, um pouco menos de alemão, que um brasileiro consiga entender algo do italiano e do espanhol e que, em geral, ninguém conhece o russo ou o sueco). Em segundo lugar, certos livros podem muito bem ser lidos em tradução. Numa tese sobre Molière, seria coisa muito grave o autor não havê-lo lido em francês, mas se um estudante aborda o Renascimento, não cometerá um disparate se citar a *História da Itália* de Denis Mack Smith numa tradução para sua própria língua. Pode ser honesto citar a tradução em lugar do original.

No entanto, a indicação bibliográfica pode ser útil a outros que queiram utilizar a edição original, razão por que convém fornecer uma dupla indicação. O mesmo se dá caso se tenha lido o livro em inglês. Citá-lo em inglês é ótimo, mas por que não ajudar os leitores que desejem saber se existe uma tradução e qual a editora? Assim, pois, para ambos os casos, a melhor forma é esta:

MACK SMITH, Denis. *Italy. A Modern History.* Ann Arbor, The University of Michigan Press, 1959 (trad. it. de Alberto Acquarone, *Storia d'Italia – de 1851 a 1958,* Bari, Laterza, 1959).

Existirão exceções? Algumas. Por exemplo, se a tese não for em grego e lhe acontecer citar (talvez numa dissertação sobre temas jurídicos) *A República* de Platão, bastará fazê-lo em sua própria língua, mas especificando tradução e edição.

Igualmente, se numa tese de antropologia você precisar citar

LOTMAN, Ju. M. e USPENSKIJ, B.A. *Tipologia della cultura.* Milano, Bompiani, 1975.

estará autorizado a citar apenas a tradução italiana, e por duas razões: é improvável que os leitores se ardam de desejo de conferir o original russo, e não existe um livro original por tratar-se de uma coletânea de ensaios publicados em várias revistas e reunidos pelo organizador italiano. No máximo, você poderá citar, após o título: organizado por Remo Faccani e Marzio Marzaduri. Mas, se sua tese fosse sobre a situação atual dos estudos semióticos, então seria necessária maior exatidão. Admitindo-se que você não consiga ler russo (e sua tese não seja sobre semiótica russa), pode-se supor que não esteja se referindo a essa coletânea em geral, mas, suponhamos, ao sétimo ensaio. Será então interessante saber quando foi publicado pela primeira vez e onde: informações que o organizador houve por bem fornecer em nota ao título. O ensaio será, pois, registrado assim:

LOTMAN, Juri M. "O ponjatii geograficeskogo prostranstva v russkich sredneve-kovych tekstach", *Trudy po znakovym sistemam* II, 1965, pp. 210-216 (trad. it. de Remo Faccani, "Il concetto di spazio geografico nei testi médievali russi", in LOTMAN, Ju. M. e USPENSKIJ, B.A., *Tipologia della cultura*, org. por Remo Faccani e Marzio Marzaduri, Milano, Bompiani, 1975).

Desse modo você não terá fingido que leu o texto original, pois assinalou a fonte italiana, e terá ainda fornecido ao leitor todas as informações que lhe poderão eventualmente ser úteis.

Para obras em línguas pouco conhecidas, sem tradução, mas que se pretende assinalar a sua existência, costuma-se colocar entre parênteses a tradução do título, após sua menção no original.

Examinemos agora um caso que, à primeira vista, parece complicadíssimo, e cuja solução "perfeita" parece demasiado minuciosa. E veremos também como as soluções podem ser dosadas.

David Efron é um judeu argentino que, em 1941, publicou em inglês, nos Estados Unidos, um estudo sobre o comportamento gestual dos judeus e dos italianos de Nova York, com o título de *Gesture and Environment*. Somente em 1970 apareceu na Argentina uma tradução espanhola, com um título diferente: *Gesto, Raza y Cultura*. Em 1972, surge uma reedição inglesa, na Holanda, com o título (semelhante ao espanhol) de *Gesture, Race and Culture*. Dessa edição provém a tradução italiana, *Gesto, Razza e Cultura*, de 1974. Como se deve citar tal livro?

Vejamos de imediato dois casos extremos. O primeiro diz respeito a uma tese sobre David Efron: nesse caso, a bibliografia

A PESQUISA DO MATERIAL

final terá uma seção dedicada às obras do autor, e todas aquelas edições serão citadas por ordem de data como outros tantos livros, especificando-se, a cada citação, que se trata de uma reedição da precedente. Supõe-se que o candidato tenha visto todas, pois deve investigar se houve alterações ou cortes. O segundo caso é o de uma tese de economia de ciências políticas ou de sociologia que aborde os problemas da imigração e onde o livro de Efron vem citado apenas por conter algumas informações úteis a respeito de aspectos paralelos: aqui, pode-se citar apenas a edição italiana.

Mas eis um caso intermediário: a citação é marginal, mas é importante saber que o estudo é de 1941 e não de anos recentes. A solução mais adequada seria:

EFRON, David. *Gesture and Environment.* New York, King's Crown Press, 1941 (trad. it. de Michelangelo Spada, *Gesto, Razza e Cultura,* Milano, Bompiani, 1974).

Pode suceder, no entanto, que a edição italiana mencione, no *copyright,* que a primeira edição é de 1941, da King's Crown, mas não forneça o título original, referindo-se por extenso, ao contrário, à edição holandesa de 1972. É um descuido grave (posso dizê-lo, pois coube a mim organizar a coleção em que apareceu o livro de Efron), já que um estudante correria o risco de citar a edição de 1941 como *Gesture, Race and Culture.* Eis por que é preciso sempre controlar as referências bibliográficas em mais de uma fonte. Um candidato mais aguerrido, que pretenda fornecer também uma informação suficiente sobre a riqueza literária de Efron e sua redescoberta por parte de outros estudiosos, disporia de bastantes dados para uma ficha quase completa:

EFRON, David. *Gesture and Environment.* New York, King's Crown Press, 1941 (2.ª ed., *Gesture, Race and Culture,* The Hague, Mouton, 1972; trad. it. de Michelangelo Spada, *Gesto, Razza e Cultura,* Milano, Bompiani, 1974).

Onde se vê, concluindo, que a completude da informação depende do tipo da tese e do papel que um dado livro desempenha ao discurso global (se constitui fonte primária, secundária, colateral, acessória etc.).

Com base nessas indicações, você já pode elaborar uma bibliografia final para sua tese. Mas ainda falaremos desse assunto no capítulo seis. Nos parágrafos 5.4.2. e 5.4.3., a propósito de dois diferentes sistemas de referências bibliográficas e de relações entre notas e bibliografia, encontra-se uma página inteira de bibliografia (quadros 16 e 17) como exemplificação. *Veja-se essa página para um resumo definitivo de quanto se disse a respeito.* Por ora, cumpria saber como se faz uma boa citação bibliográfica para a elaboração de nossas fichas. As indicações fornecidas bastam para formar um fichário correto.

No quadro 2, como conclusão, acha-se um exemplo de ficha para o fichário bibliográfico. Como se vê, no curso da pesquisa bibliográfica comecei identificando a tradução italiana. Depois encontrei o livro na biblioteca e marquei no canto superior direito a sigla da biblioteca e os dados para a localização do volume. Enfim, encontrei o volume e retirei, da página do *copyright*, o título e o editor originais. Inexistiam referências à data, mas deparei com uma ao virar a capa e a anotei com reservas. A seguir informei por que o livro deve ser levado em consideração.

A PESQUISA DO MATERIAL 77

Quadro 1
RESUMO DAS REGRAS PARA A CITAÇÃO BIBLIOGRÁFICA

Ao final desta longa resenha sobre usos bibliográficos, procuramos listar todas as indicações que uma boa citação bibliográfica deve apresentar. Sublinhamos (o que equivale ao itálico na forma impressa) o que deve ser sublinhado e pusemos entre aspas o que assim deve ser. Há pontos, vírgulas e parênteses onde eles devem estar.

O que marquei com um asterisco constitui indicação essencial que *jamais* deve ser omitida. As demais são facultativas e dependem do tipo de tese.

LIVROS

* 1. Nome e sobrenome do autor (ou autores, ou organizador, com eventuais indicações sobre pseudônimos ou falsas atribuições).
* 2. *Título e subtítulo da obra,*
  3. ("Coleção"),
  4. Número da edição (se houver várias),
* 5. Local da edição: não existindo no livro, escrever s.l. (sem local),
* 6. Editor: não existindo no livro, omiti-lo,
* 7. Data da edição: não existindo no livro, escrever s.d. (sem data),
  8. Dados eventuais sobre a edição mais recente,
  9. Número de páginas e eventual número de volumes de que a obra se compõe,
 10. (Tradução: se o título era em língua estrangeira e existe uma tradução na nossa, especifica-se o nome do tradutor, o título traduzido, local de edição, editor, data da edição e número de páginas, eventualmente).

ARTIGOS DE REVISTA

* 1. Nome e sobrenome do autor.
* 2. "Título do artigo ou capítulo".
* 3. *Título da revista,*
* 4. Volume e número do fascículo (eventuais indicações de Nova Série),
  5. Mês e ano,
  6. Páginas onde aparece o artigo.

CAPÍTULOS DE LIVRO, ATAS DE CONGRESSOS,
ENSAIOS EM OBRASCOLETIVAS

* 1. Nome e sobrenome do autor.
* 2. "Título do capítulo ou do ensaio".
* 3. In:
* 4. Eventual nome do organizador da obra coletiva ou VVAA,
* 5. *Título da obra coletiva,*
  6. (Eventual nome do organizador se primeiro foi colocado VVAA),
* 7. Eventual número do volume da obra onde se encontra o ensaio citado,
* 8. Local, Editor, data, número de páginas, como no caso de livros de um só autor.

78

Quadro 2
EXEMPLO DE FICHA BIBLIOGRÁFICA

Bs. con.
107-5171

AUERBACH, Erich
Mimesis - Il realismo nella letteratura occidentale, Torino, Einaudi,
1956, 2 vols., pp XXXIX - 284 e 350

Titulo original:
Mimesis. Dargestelle Wirklichkeit
in der abendländischen Literatur,
Bern, Francke ... 1946

[ver no segundo volume o ensaio
"Il mondo nella bocca di Pantague-
le"]

3.2.4. A biblioteca de Alexandria: uma experiência

Alguém poderia objetar que os conselhos dados vêm a calhar para um estudioso especializado e que um jovem sem preparação específica encontra muitas dificuldades ao aprestar-se para a tese:

- não tem à sua disposição uma biblioteca bem dotada, pois talvez viva numa cidade pequena;
- possui ideias muito vagas a respeito do que procura e nem sequer sabe por onde começar no catálogo por assuntos porque não recebeu instruções suficientes do professor;
- não pode ir de uma biblioteca a outra (não tem dinheiro nem tempo, está adoentado etc.).

Tentemos agora imaginar uma situação-limite. Suponhamos um estudante que trabalha, que nos primeiros quatro anos do curso foi muito poucas vezes à universidade. Teve contatos esporádicos com um único professor, por exemplo, o de estética ou de história da literatura italiana. Já um pouco atrasado para elaborar a tese, só dispõe do último ano acadêmico. Em setembro, conseguiu aproximar-se do professor ou de um assistente, mas como era época de exames a conversa foi rapidíssima. O professor lhe dissera: "Por que não faz uma tese sobre o conceito de metáfora nos tratadistas do barroco italiano?" A seguir, o estudante regressou à sua cidadezinha de mil habitantes, sem biblioteca municipal. A localidade mais importante (noventa mil habitantes) está a meia hora de viagem. Lá existe uma biblioteca, aberta de manhã e à tarde. A questão é, com duas licenças de meio expediente do trabalho, procurar ver se consegue encontrar lá algo com que possa formar uma primeira ideia da tese e talvez até executar o trabalho todo sem mais subsídios. Está fora de cogitações a compra de livros caros ou a requisição de microfilmes. No máximo, irá ao centro universitário (com suas bibliotecas mais completas) duas ou três vezes entre janeiro e abril. Mas por ora deve arranjar-se *in loco*. Se for absolutamente necessário, comprará alguns livros recentes, em edições econômicas, gastando o mínimo possível.

Esse é o quadro hipotético. Procurei colocar-me nas condições desse estudante escrevendo as presentes linhas num lugarejo do

80

alto Monferrato, distante 23 quilômetros de Alexandria (noventa mil habitantes, uma biblioteca municipal-pinacoteca-museu). O centro universitário mais próximo é Gênova (uma hora de viagem), mas com uma hora e meia chega-se a Turim ou a Pávia. A Bolonha, em três horas. É já uma situação privilegiada, mas não consideraremos os centros universitários. Ficaremos só com Alessandria.

Em segundo lugar, procurei um tema sobre o qual jamais fiz estudos específicos e me encontro muito mal preparado. Trata-se, pois, do conceito de metáfora na tratadística barroca italiana. É claro que não sou de todo virgem no assunto, pois já me ocupei de estética e retórica: sei, por exemplo, que na Itália apareceram, nos últimos decênios, livros sobre o barroco de Giovanni Getto, Luciano Anceschi, Ezio Raimondi. Sei que existe um tratado do século XVII, *Il cannochiale aristotelico*, de Emanuele Tesauro, em que tais conceitos são amplamente discutidos. Mas isso é o mínimo que deveria saber nosso estudante, pois no fim do terceiro ano já terá prestado alguns exames e, se teve mesmo contato com o professor a que aludimos antes, leu algo do que ele escreveu, onde tais coisas são ao menos mencionadas. Em todo caso, para tornar a experiência mais rigorosa, assumo nada saber do que, de fato, sei. Limito-me aos conhecimentos de segundo ciclo: sei que o barroco é algo que tem muito a ver com a arte e a literatura do século XVII e que a metáfora é uma figura de retórica. E é tudo.

Resolvo dedicar à pesquisa preliminar três tardes, das três às seis. Tenho nove horas à minha disposição. Nesse tempo não se leem livros, mas pode-se fazer um levantamento bibliográfico. Tudo o que eu disser nas primeiras páginas a seguir foi feito em nove horas. Não é meu intento apresentar o modelo de um trabalho completo e bem feito, mas o de um trabalho de orientação que deve servir para a tomada de outras decisões.

Ao entrar na biblioteca encontro-me, de acordo com o que se disse em 3.2.1., perante três caminhos:

1) Começar o exame do catálogo por assuntos: posso procurar nos verbetes "italiana (literatura)", "literatura (italiana)", "estética", "século XVII", "barroco", "metáfora", "retórica", "tratadistas", "poética"[2]. A biblioteca tem dois catálogos, um antigo e um

---

2   Embora procurar *Seiscento*, "barroco" ou "estética" me pareça bastante óbvio, a ideia de procurar em "poética" parece um pouco mais sutil. Justifico-me: não

A PESQUISA DO MATERIAL

atualizado, ambos divididos por assuntos e autores. Não estando ainda integrados, preciso procurar em ambos. Poderei fazer um cálculo imprudente: querendo uma obra do século XIX, devo ir ao catálogo antigo. Errado. Se a biblioteca a adquiriu há um ano num antiquário, ela está no moderno. A única coisa de que posso estar seguro é que, se busco um livro aparecido no último decênio, ele só pode estar no catálogo moderno.

2) Começar a consultar enciclopédias e histórias da literatura. Nas histórias literárias (ou da estética) devo ir ao capítulo sobre o século XVII ou do barroco. Nas enciclopédias posso procurar: seiscentismo, barroco, metáfora, poética, estética etc., tal como no catálogo por assuntos.

3) Começar a fazer perguntas ao bibliotecário. Descarto desde logo essa possibilidade, não só porque é a mais fácil, mas também para não ficar numa situação privilegiada. De fato, conhecia o bibliotecário e quando lhe confessei o que estava fazendo entrou a desfiar-me uma série de títulos de listas bibliográficas que tinha à disposição, alguns em inglês e alemão. Eu teria caído logo num filão especializado, por isso ignorei suas sugestões. Também me ofereceu facilidades para obter vários livros de uma vez, que cortesmente recusei, recorrendo apenas e sempre aos contínuos. Tinha de controlar tempo e dificuldade segundo o padrão comum.

Decidi, assim, partir do catálogo por assuntos e errei, pois tive sorte demais. No verbete "metáfora" estava consignado: Giuseppe Conte, *La metafora barocca – Saggio sulle poetiche del Seicento*, Milano, Mursia, 1972. Isso era praticamente a minha tese. Sendo desonesto, posso limitar-me a copiá-la, mas seria também estúpido, pois é muito provável que o meu orientador também conheça esse livro. Desejando realizar uma bela tese original, um livro desses me coloca em dificuldades porque ou tento dizer algo mais, algo diferente, ou estou perdendo tempo. No entanto, se constituir meu intento fazer uma boa tese de compilação, está aí um excelente ponto de partida. Posso valer-me dessa base sem mais problemas.

podemos imaginar um estudante que chegue a esse tema a partir do nada, sequer conseguiria formulá-lo; assim, a sugestão deve ter sido feita ou por um professor ou por um amigo ou por uma leitura preliminar. Portanto, terá sentido falar das "poéticas do barroco" ou das poéticas (ou programas de arte) em geral. Partimos, pois, do princípio de que o estudante está de posse desse dado.

O livro tem o defeito de não trazer uma bibliografia final, mas conta com longas notas nos finais de capítulo, nas quais não apenas se citam livros, mas se discute e julga seus conteúdos. Por alto, posso obter dali uns cinquenta títulos, mesmo dando-me conta de que o autor faz frequentes referências a obras de estética e semiótica contemporâneas, que não apresentam interesse direto para meu tema, mas que aclaram as suas relações com os problemas atuais. No caso, tais indicações podem levar-me a cogitar uma tese um pouco diferente, centrada nas relações entre o barroco e a estética contemporânea, como veremos depois.

Com os cinquenta títulos "históricos" assim reunidos, disponho já de um fichário preliminar para, em seguida, explorar depois o catálogo por autores.

Mas decidi renunciar também a esse caminho. O golpe de sorte fora oportuno demais. Por isso, resolvi proceder como se a biblioteca não possuísse o livro de Conte (ou como se não o houvesse registrado nos assuntos em questão).

Visando tornar o trabalho mais metódico, resolvi passar ao caminho número dois: fui, assim, à sala de consultas e comecei pelos textos de referência da *Enciclopédia Treccani*.

Não encontrei ali o verbete "barroco"; em contrapartida, havia "barroca, arte", inteiramente dedicado às artes figurativas. O volume correspondente à letra *b* é de 1930, e tudo fica explicado: não começara ainda, na Itália, a revalorização do barroco. A essa altura, ocorreu-me procurar "seiscentismo", termo que por muito tempo carregou uma conotação um tanto pejorativa, mas que em 1930, numa cultura fartamente influenciada pela desconfiança crociana perante o barroco, podia ter inspirado a formação da terminologia. E aqui tive uma agradável surpresa: um belo verbete, extenso, aberto a todos os problemas da época, desde os teóricos e poetas do barroco italiano, como Marino ou Tesauro, até as manifestações barrocas em outros países (Gracián, Lily, Góngora, Crashaw etc.). Boas citações, uma bibliografia substancial. Olho a data do volume: 1936; olho as iniciais e descubro que se trata de Mario Praz. É o que de melhor podia haver naquela época (e, em muitos aspectos, ainda hoje). Mas admitamos que o nosso estudante desconheça a grandeza e a finura crítica de Praz: todavia, perceberá que o verbete é estimulante e resolverá fichá-lo, com tempo, mais tarde. Por ora, passa à bibliografia

A PESQUISA DO MATERIAL 83

e apercebe-se de que esse Praz, autor de um verbete tão bom, escreveu dois livros sobre o assunto: *Seiscentismo e Marinismo na Inglaterra* (1925) e *Estudos Sobre o Conceptismo* (1934). Ambos serão fichados. A seguir, depara com alguns títulos italianos, de Croce a D'Ancona, que anota; encontra uma referência a um poeta crítico contemporâneo como T.S. Elliot e, finalmente, se depara com uma sequência de obras em inglês e alemão. Anota todas, é claro, mesmo não sabendo aquelas línguas (depois se verá), mas percebe que Praz estava falando do seiscentismo em geral, ao passo que ele deseja algo mais especificamente centrado na situação italiana. A situação estrangeira funcionará como um bom pano de fundo, mas talvez não se deva começar por ela.

Vejamos de novo a *Treccani,* verbetes "poética" (nada: remete-se a "retórica", "estética" e "filologia"), "retórica" e "estética".

A retórica é tratada com certa amplitude, há um parágrafo sobre século XVII, a ser relido, mas nenhuma indicação bibliográfica específica.

A estética vem tratada por Guido Calogero, mas, como sucedia nos anos de 1930, é entendida como disciplina eminentemente filosófica. Há Vico, mas não os tratadistas barrocos. Isso me permite vislumbrar um caminho a seguir: se busco material italiano, achá-lo-ei mais facilmente na crítica literária e na história da literatura e não na história da filosofia (pelo menos, como se verá depois, até época bem recente). No verbete "estética" encontro, todavia, uma série de títulos de histórias clássicas da estética que poderão dizer-me algo: quase todas em inglês ou alemão, e muito antigas: Zimmerman (1858), Schlasler (1872), Bosanquet (1895) e também Saintsbury, Menéndez y Pelaio, Knight e, por fim, Croce. Digo já que, à exceção de Croce, nenhum daqueles textos existe na biblioteca de *Alexandria*. Em todo caso, estão anotados, e mais cedo ou mais tarde será preciso lançar-lhes uma vista d'olhos, dependendo do rumo que a tese tomar.

Procuro o *Grande Dizionario Enciclopedico Utet,* porque me lembro de que ali existem verbetes muito extensos e atualizados sobre "poética" e outras coisas que me são úteis, mas essa obra não existe na biblioteca. Vou então folhear a *Enciclopédia Filosófica* de Sansoni. De interessante, encontro os verbetes "metáfora" e "barroco". O primeiro não dá indicações bibliográficas aproveitáveis, mas esclarece (e mais adiante dar-me-ei conta do quão importante é tal advertência) que tudo começa com a teoria da metáfora de Aristóteles. O segundo menciona alguns livros que depois encontrarei em obras de consulta mais específicas (Croce, Venturi, Getto, Rousset, Anceschi, Raimondi) e faço bem em anotar todos; com efeito, descobrirei mais tarde que aí está registrado um estudo muito importante de Rocco Montano, o qual as fontes posteriormente consultadas omitem, quase sempre por serem anteriores.

A essa altura penso ser mais produtivo enfrentar uma obra de consulta mais aprofundada e mais recente, e vou à *Storia della letteratura italiana* organizada por Cecchi e Sapegno, publicada pela Garzanti.

Além de capítulos de vários autores sobre poesia, prosa, teatro, viajantes etc., encontro um capítulo de Franco Croce, "Critica e trattatistica del barocco" (cerca de cinquenta páginas). Limito-me a isso. Percorro-o por alto (não estou lendo textos, mas elaborando uma bibliografia) e dou-me conta de que a discussão crítica começa com Tassoni (sobre Petrarca), continua com uma série de autores que discutem o *Adone* de Marino (Stigliani, Errico, Aprosio, Aleandri, Villani etc.), passa pelos tratadistas a que Croce chama barroco-moderados (Peregrini, Sforza Pallavicino) e pelo texto-base de Tesauro, que constitui o verdadeiro tratado em defesa do engenho e perspicácia barrocos ("talvez a obra mais exemplar de todo o preceituário barroco, mesmo no plano europeu") e termina com a crítica do Seiscentismo tardio (Frugoni, Lubrano, Boschini, Malvasia, Bellori e outros). Percebo que o núcleo de meus interesses deve incidir sobre Sforza Pallavicino, Peregrini e Tesauro, e passo à bibliografia, que compreende uma centena de títulos, organizada por temas e não por ordem alfabética. Devo então recorrer às fichas para organizá-la. Notamos que Franco Croce se ocupa de vários críticos, de Tassoni e Frugoni, e no fundo seria conveniente fichar todas as referências bibliográficas que ele indica. Pode ser que, para a tese, só sirvam as obras sobre tratadistas moderados e sobre Tesauro, mas para a introdução ou para as notas podem ser úteis as referências a outras discussões do período. Cumpre ter presente que essa bibliografia inicial deverá ser depois discutida pelo menos uma vez, quando estiver pronta, com o orientador. Ele, sem dúvida, conhece bem o assunto e assim será capaz de dizer, desde logo, o que pode ser

A PESQUISA DO MATERIAL

descartado e o que se deve efetivamente ler. Em todo caso, para nossa experiência, *limito-me às obras gerais sobre o barroco e à bibliografia específica sobre os tratadistas.*

Já dissemos como devem ser feitas as fichas dos livros quando nossa fonte bibliográfica é incompleta: na ficha reproduzida na próxima página, deixei espaço para o nome próprio do autor (Ernesto? Epaminondas? Evaristo? Elio?) e do editor (Sansoni? Nuova Italia? Nerbini?). Depois da data, fica espaço para outras indicações. Evidentemente, acrescentei depois a sigla ao alto, quando compulsei o catálogo por autores de Alexandria (BCA: Biblioteca Cívica de Alexandria é a sigla que escolhi) e descobri que o livro de Raimondi (Ezio!!) tem a seguinte localização: "Co D 119".

E assim farei com os demais livros. Nas páginas seguintes, porém, agirei de modo mais rápido, citando títulos e autores sem outras indicações.

Resumindo, consultei até agora os verbetes da *Treccani* e da *Grande enciclopedia filosofica* (e decidi registrar apenas obras sobre a tratadística italiana), bem como o ensaio de Franco Croce. Nos Quadros 3 e 4, encontra-se a lista do que fichei. (ATENÇÃO: a cada uma de minhas indicações sucintas deve corresponder uma ficha completa e analítica, com espaços em branco para as informações faltantes!)

EXEMPLO DE FICHA A COMPLETAR,
REDIGIDA COM BASE NUMA PRIMEIRA FONTE BIBLIOGRÁFICA COM LACUNAS

BCA
Co D. 119

RAIMONDI, E

La Letteratura barocca, Firenze,

, 1961

Os títulos precedidos de um "sim" são os que existem no catálogo por autores da Biblioteca de Alexandria. Terminado esse primeiro fichamento, concedi-me uma diversão e passei a folhear o catálogo. Assim, sei agora que outros livros posso consultar com vistas a completar minha bibliografia.

Como se pode observar, de 38 obras fichadas, encontrei 25. Quase setenta por cento. Incluí também obras não fichadas, mas que foram escritas por autores fichados (ao procurar uma encontrei também, ou em vez dela, outra).

Deixei claro ter limitado a escolha unicamente aos títulos referentes aos tratadistas. Destarte, deixando de lado outros críticos, não registrei, por exemplo, a *Ideia*, de Panofsky que, mais tarde, viria a descobrir, em outra fonte, que era igualmente importante para o problema teórico que me interessa. Ao ver depois o ensaio "Le poetiche del barocco in Italia", do mesmo Franco Croce, no volume de VVAA, *Momenti e problemi di storia dell'estetica*, perceberia que nesse mesmo volume existe um ensaio, três vezes maior, de Luciano Anceschi, sobre as poéticas do barroco europeu. Croce não o cita por limitar-se à literatura italiana. Isso só para dizer como, partindo de uma indicação para um texto, este nos remete a outras indicações, e assim por diante, indefinidamente. Como se vê, mesmo partindo apenas de uma boa história da literatura italiana, já conseguimos chegar a alguma coisa.

Lancemos agora um olhar sobre outra história da literatura, o velho Flora. Não é autor que se detenha muito em problemas teóricos, pois se deleita apenas em saborear fragmentos. Sobre Tesauro, porém, traz um capítulo cheio de citações pitorescas e muitas outras pertinentes sobre as técnicas metafóricas dos seiscentistas. Quanto à bibliografia, não se pode exigir muito de uma obra geral que se detém em 1940, mas ainda assim encontro, confirmados, alguns textos clássicos, já citados. Chama-me a atenção o nome de Eugenio D'Ors. Devo procurá-lo. Sobre Tesauro, encontro os nomes de Trabalza, Vallauri, Dervieux e Vigliani. Faço ficha de todos eles.

Quadro 3: OBRAS GERAIS SOBRE O BARROCO ITALIANO IDENTIFICADAS
ATRAVÉS DO EXAME DE TRÊS ELEMENTOS DE CONSULTA

(Treccani, Grande Enciclopedia Filosofica Sansoni-Gallarate, Storia della Letteratura Italiana Garzanti)

Encontrados na biblioteca	Obras encontradas no catálogo por autores	Obras do mesmo autor encontradas no catálogo
sim	Croce, B., *Saggi sulla letteratura italiana del seicento*	
sim		*Nuovi saggi sulla letteratura italiana del seicento*
sim	Croce, B., *Storia dell'età barocca in Italia*	
sim		*Lirici marinisti – Politici e moralisti del 600*
	D'Ancona, A., "Secentismo nella poesia cortigiana del secolo XV"	
	Praz, M., *Secentismo e manierismo in Inghilterra*	
	Praz, M., *Studi sul concettismo*	
sim	Wölfflin, E., *Rinascimento e Barocco*	
	VVAA, *Retorica e barocco*	
sim	Getto, G., "La polemica sul barocco"	
	Anceschi, L., *Del barocco*	
sim		"Le poetiche del barocco letterario in Europa"
sim		*Da Bacone a Kant*
sim		"Gusto e genio nel Bartoli"
sim	Montano, R., "L'estetica del Rinascimento e del barocco"	
sim	Croce, F., "Critica e trattatistica del Barocco"	
sim	Croce, B., "I trattatisti italiani del concettismo e B. Gracián"	
sim	Croce, B., *Estetica come scienza dell'espressione e linguistica generale*	
sim	Flora, F., *Storia della letteratura italiana*	
sim	Croce, F., "Le poetiche del barocco in Italia"	
	Calcaterra, F., *Il Parnaso in rivolta*	
sim		"Il problema del barocco"
	Marzot, G., *L'ingegno e il genio del seicento*	
	Morpurgo-Tagliabue, G., "Aristotelismo e barocco"	
	Jannaco, C., *Il seicento*	

Quadro 4: OBRAS PARTICULARES SOBRE TRATADISTAS ITALIANOS DO SÉCULO XVII IDENTIFICADAS

ATRAVÉS DO EXAME DE TRÊS ELEMENTOS DE CONSULTA

(*Treccani, Grande enciclopedia filosofica Sansoni-Gallatare, Storia della letteratura italiana Garzanti*)

Encontrados na biblioteca	Obras encontradas no catálogo por autores	Obras do mesmo autor encontradas no catálogo
	Biondolillo, F., "Matteo Peregrini e il secentismo"	
sim	Raimondi, E., *La letteratura barocca*	
sim		*Trattatisti e narratori del 600*
sim	VVAA, *Studi e problemi di critica testuale*	
	Marocco C., *Sforza Pallavicino precursore dell'estetica*	
	Volpe, L., *Le idee estetiche del Card. Sforza Pallavicino*	
	Costanzo, M., *Dallo Scaligero al Quadrio*	
	Cope, J., "The 1654 Edition of Emanuele Tesauro's *Il cannocchiale aristotelico*"	
	Pozzi, G., "Note prelusive allo stile del cannocchiale"	
	Bethell, S. L., "Gracián, Tesauro and the Nature of Metaphysical Wit"	
	Mazzeo, J. A., "Metaphysical Poetry and the Poetics of Correspondence"	
	Menapace Brisca, L., "L'arguta e ingegnosa elocuzione"	
	Vasoli, C., "Le imprese del Tesauro"	
sim		"L'estetica dell'umanesimo e del rinascimento"
	Bianchi, D., "Intorno al *Cannocchiale Aristotelico*"	
	Hatzfeld, H., "Three National Deformations of Aristotle: Tesauro, Gracián, Boileau"	
sim		"L'Italia, la Spagna e la Francia nello sviluppo del barocco letterario"
	Hocke, G. R., *Die Welt als Labirinth*	
sim	Hocke, G. R., *Manierismus in der Literatur*.	Tradução italiana
sim	Schlosser Magnino, J., *La letteratura artistica*	
	Ulivi, F., *Galleria di scrittori d'arte*	
sim		*Il manierismo del Tasso*
	Mahon, D., *Studies in 600 Art and Theory*	

Passo agora a consultar o volume de VVAA, *Momenti e problemi di storia dell'estetica*. Encontro-o e verifico que é de Marzorati, e completo a ficha (Croce dizia apenas: Milano).

Aqui, deparo com o ensaio de Franco Croce sobre poéticas do barroco literário na Itália, análogo ao que já tínhamos visto, salvo por ser anterior, de modo que a bibliografia está menos atualizada. No entanto, o tom é mais teórico, o que me é vantajoso. O tema, além de tudo, não é limitado, como em Garzanti, aos tratadistas, estende-se às poéticas literárias em geral. Por exemplo, Gabriello Chiabrera vem aí estudado com certa amplitude. E a propósito desse autor, surge novamente o nome de Giovanni Getto, já por mim fichado.

Porém, no volume de Marzorati há, juntamente com o de Croce, um ensaio (quase um livro por si só) de Anceschi, "Le poetiche del barocco letterario in Europa". Vejo que é um estudo de grande importância, pois não só enquadra filosoficamente a noção de barroco em suas várias acepções como me faz compreender as dimensões do problema na cultura europeia, na Espanha, Inglaterra, França e Alemanha. Reencontro nomes apenas mencionados no verbete de Praz da *Treccani* e ainda outros, de Bacon a Lily e Sidney, Gracián, Góngora, Opitz, as teorias do *wit*, da *acuidade*, do engenho. Pode ser que minha tese não leve em consideração o barroco europeu, mas essas noções devem servir-me de pano de fundo. De qualquer forma, terei de ter uma bibliografia completa sobre todas essas coisas. O texto de Anceschi forneceu-me cerca de 250 títulos. Deparo com uma primeira lista de livros anteriores a 1946 e, a seguir, com outra, dividida por anos, de 1946 a 1958. Na primeira seção volto a confirmar a importância dos estudos de Getto e Hatzfeld, do volume *Retorica e Barocco* (e aqui descubro que foi organizado por Enrico Castelli); enquanto o texto já me havia remetido às obras de Wölfflin, Croce (Benedetto) e D'Ors. Na segunda seção, encontro um punhado de títulos que, esclareço, não procurei em sua totalidade no catálogo por autores porque minha experiência se limitou a três tardes. Mas noto existirem alguns autores estrangeiros que trataram o problema sob vários pontos de vista e que obrigatoriamente terei de procurar: Curtius, Wellek, Hauser e Tapié; reencontro Hocke, sou remetido a um *Rinascimento e Barocco*, de Eugenio Battisti, para as relações com as poéticas artísticas, reconfirmo

A PESQUISA DO MATERIAL

a importância de Morpurgo-Tagliabue e dou-me conta de que terei também de consultar o trabalho de Della Volpi sobre os comentadores renascentistas da poética aristotélica.

Tal possibilidade servirá para convencer-me a ver também (ainda no volume de Marzorati que tenho em mãos) o amplo ensaio de Cesare Vasoli sobre a estética do humanismo e do Renascimento. Já havia encontrado o nome de Vasoli na bibliografia de Franco Croce. Pelos verbetes de enciclopédia já examinados sobre a metáfora, concluo – e devo ter registrado – que o problema surge já na *Poética* e na *Retórica* de Aristóteles: e agora aprendo em Vasoli que, no século XVI, houve uma coorte de comentadores dessas duas obras; e mais, que entre esses comentadores e os tratadistas barrocos situam-se os teóricos do maneirismo, que já abordam o problema do engenho e da ideia – coisa que já tinha visto aflorar nas páginas lidas sumariamente sobre o barroco. Impressiona-me, entre outras coisas, a reincidência de citações e nomes, como Schlosser.

Será que minha tese corre o risco de tornar-se vasta demais? Não, simplesmente deverei condensar muito bem o cerne do meu interesse e só trabalhar sobre um aspecto específico, pois de outro modo teria mesmo de ver tudo; mas, por outro lado, não deverei perder de vista o panorama global, de modo que muitos desses textos precisam ser examinados, ao menos para obter informações de segunda mão.

O amplo texto de Anceschi leva-me a ver também suas obras sobre o assunto. Registro de pronto *Da Bacone a Kant, Idea del barocco* e um artigo sobre "Gusto a genio del Bartoli". Em Alexandria só encontrarei este último e o livro *Da Bacone a Kant*.

A essa altura, consulto o estudo de Rocco Montano, "L'estetica del Rinascimento e del barocco", no volume XI da *Grande antologia filosofica Marzorati*, dedicado ao *Pensiero del Rinascimento e della Riforma*.

De repente, percebo que não se trata apenas de um estudo, mas de uma antologia de excertos, muitos dos quais utilíssimos para meu trabalho. E mais uma vez constato quão estreitas são as relações entre os estudiosos renascentistas da *Poética*, os maneiristas e os tratadistas barrocos. Encontro ainda uma referência a uma antologia da Laterza em dois volumes, *Trattatisti d'arte tra Manierismo e Controriforma*. Enquanto procuro esse título no catálogo,

92

esmiuçando aqui e ali, descubro que em Alexandria existe outra antologia publicada pela Laterza, *Trattati di poetica e retorica del 600*. Ignoro se devo recorrer a informações de primeira mão sobre esse tema, mas por prudência ficho o livro. Agora sei que ele existe.

Voltando a Montano e à sua bibliografia, preciso fazer um certo trabalho de reconstituição, pois as indicações estão espalhadas por vários capítulos. Reencontro muitos dos nomes já anotados, vejo que deverei procurar algumas histórias clássicas da estética, como as de Bosanquet, Saintsbury, Gilbert e Kuhn. Descubro que, para conhecer suficientemente o barroco espanhol, preciso encontrar a imensa *Historia de las Ideas Estéticas en España*, de Marcelino Menéndez y Pelayo.

Anoto, por prudência, os nomes dos comentadores quinhentistas da *Poética* (Robortello, Castelvetro, Escalígero, Segni, Cavalcanti, Maggi, Varchi, Vettori, Speroni, Minturno, Piccolomini, Girardi Cinzio e outros). Verei depois que alguns deles estão reunidos em antologia pelo próprio Montano, outros por Della Volpe, outros ainda no volume antológico da Laterza.

Vejo-me remetido ao maneirismo. Emerge agora, vigorosamente, a referência à *Ideia* de Panofsky. Uma vez mais a obra de Morpurgo-Tagliabue. Indago-me se não devia saber mais sobre os tratadistas maneiristas, Serlio, Dolce, Zuccari, Lomazzo e Vasari, mas isso levar-me-ia às artes figurativas e à arquitetura, e talvez bastem alguns textos históricos como Wölfflin, Panofsky, Schlosser ou, mais recentemente, Battisti. Não posso deixar de registrar a importância de autores não italianos como Sidney, Shakespeare, Cervantes...

Volto a encontrar, citados como autores fundamentais, Curtius, Schlosser, Hauser, autores italianos como Calcaterra, Getto, Anceschi, Praz, Ulivi, Marzot, Raimondi. O círculo se aperta. Certos nomes são citados por todos.

Para tomar fôlego, volto a folhear o catálogo por autores: vejo que o célebre livro de Curtius sobre literatura europeia e Idade Média latina existe em tradução francesa, em vez de em alemão; a *Literatura Artística* de Schlosser, como vimos, também existe. Ao procurar a *História Social da Literatura e da Arte*, de Arnold Hauser (é curioso não existir aqui, pois saiu até em edição de bolso), encontro, do mesmo autor, a tradução italiana do volume fundamental sobre o maneirismo e ainda a *Ideia*, de Panofsky.

A PESQUISA DO MATERIAL

Deparo com *La poetica del 500,* de Della Volpe, *Il secentismo nella critica,* de Santangelo, o artigo "Rinascimento, aristotelismo e barocco", de Zonta. Através do nome de Helmuth Hatzfeld, descubro um volume de vários autores, precioso sob muitos aspectos, *La critica stilistica e il barocco letterario,* Atas do II Congresso Internacional de Estudos Italianos, Florença, 1957. Frustra-me a ausência de uma obra que parece importante, de Carmine Jannaco, além do volume *Seicento* da história literária de Vallardi, os livros de Praz, os estudos de Rousset e Tapié, a já citada *Retorica e barocco* com o ensaio de Morpurgo-Tagliabue, as obras de Eugenio D'Ors e de Menéndez y Pelayo. Em suma, a biblioteca de Alexandria não é a Biblioteca do Congresso de Washington, nem mesmo a Braidense de Milão, mas o fato é que já consegui 35 livros certos, o que não é nada mau para começar. Mas a coisa não acaba aí.

Com efeito, às vezes basta encontrar um único texto para resolver uma série inteira de problemas. Continuando no catálogo por autores, resolvo dar uma espiada (visto existir e parecer-me obra de consulta fundamental) em "La polemica sul barocco", de Giovanni Getto, em VVAA, *Letteratura italiana – Le correnti,* vol. 1, Milano, Marzorati, 1956. Percebo logo tratar-se de um estudo de quase cem páginas e de excepcional importância – porque aqui se narra a polêmica sobre o barroco, de então até nossos dias. Verifico que todos discutiram o assunto, desde Gravina, Muratori, Tiraboschi, Bettinelli, Baretti, Alfieri, Cesarotti, Cantù, Gioberti, De Sanctis, Manzoni, Mazzini, Leopardi e Carducci, até Curzio Malaparte e autores que já havia registrado. Da maior parte deles, Getto transcreve longos excertos, de tal modo que me surge um problema: se vou apresentar uma tese sobre a polêmica histórica envolvendo o barroco, precisarei procurar todos esses autores. Mas se trabalhar sobre textos da época ou sobre interpretações contemporâneas, ninguém me exigirá trabalho de tanto fôlego (que, ademais, já foi feito, e muito bem: a menos que pretenda fazer uma tese de alta originalidade científica, que demandará anos a fio de trabalho, só para demonstrar que a pesquisa de Getto é insuficiente ou mal abordada; contudo, trabalhos assim requerem maior experiência). E assim a obra de Getto me propicia uma documentação suficiente sobre tudo quanto não constituirá tema específico da minha tese, mas que não poderá faltar. Trabalhos do gênero devem, pois, dar lugar a uma série de fichas próprias. Isto é, farei uma ficha sobre

Muratori, outra sobre Cesarotti, outra sobre Leopardi e assim por diante, anotando a obra na qual expenderam juízos sobre o barroco; em cada uma delas, copiarei o resumo respectivo fornecido por Getto, com as citações (realçando, evidentemente, em rodapé, que o material foi extraído desse ensaio de Getto). Se depois utilizar esse material na tese, uma vez que constitui informações de segunda mão, deverei sempre assinalar em nota: "cit. in Getto, etc.", e isso não só por honestidade, mas também por prudência, já que uma eventual imperfeição nas citações não ficará sob minha responsabilidade; referirei lealmente que as tirei de outro estudioso, não fingirei eu próprio ter visto tudo e ficarei tranquilo. É claro que, mesmo quando confiamos num estudo precedente desse tipo, o ideal seria averiguar novamente nos originais todas as citações utilizadas, mas aqui, convém insistir, estamos fornecendo um modelo de pesquisa feita em poucos meses e com tempo exíguo.

Nesse caso, porém, a única coisa que não posso permitir-me é ignorar os autores originais *sobre os quais* farei a tese. Devo então ir ao encalço dos autores barrocos, pois, como dissemos em 3.2.2., uma tese deve apresentar também material de primeira mão. Não posso falar dos tratadistas sem lê-los. Posso não ler os teóricos maneiristas das artes figurativas, confiando em estudos críticos, uma vez que não constituem o cerne de minha pesquisa, mas não posso ignorar Tesauro.

Tendo compreendido que devo ler de qualquer maneira a *Retórica* e a *Poética* de Aristóteles, aproveito para verificar esse verbete. E com surpresa encontro umas boas quinze edições antigas da *Retórica*, de 1515 a 1837, comentadas por Ermolao Barbaro, tradução de Bernardo Segni, com paráfrase de Averróis e Piccolomini; além da edição bilíngue de Loeb (inglês e grego). Falta a edição italiana da Laterza. Quanto à *Poética*, há também aqui várias edições, com comentários de Castelvetro e Robortelli, a edição de Loeb com o texto grego e as duas traduções modernas italianas de Rostagni e Valgimigli. É mais que suficiente, a ponto de vir-me o desejo de fazer uma tese sobre um comentário renascentista à *Poética*. Mas não divaguemos.

Em várias referências dos textos consultados, verifiquei que também seriam úteis para o meu estudo algumas observações de Milizia, Muratori e de Fracastoro, e vejo que em Alexandria existem edições antigas desses autores.

A PESQUISA DO MATERIAL

Mas passemos aos tratadistas barrocos. Antes de tudo, há a antologia da Ricciardi, *Trattadisti a narratori del 600,* de Ezio Raimondi, com cem páginas do *Cannocchiale aristotelico,* sessenta páginas de Peregrini e outras sessenta de Sforza Pallavicino. Se em vez da tese meu alvo fosse uma dissertação de trinta laudas para um exame, seria mais do que suficiente.

Entretanto, interessam-me também os textos completos e, entre estes, pelo menos os seguintes: Emanuele Tesauro, *Il cannocchiale aristotelico;* Nicola Peregrini, *Delle acutezze* e *I fonti dell'ingegno ridotti a arte;* Cardeal Sforza Pallavicino, *Del bene* e *Trattato dello stile e del dialogo.*

Vou ao catálogo por autores, seção antiga, e descubro duas edições do *Cannocchiale,* uma de 1670 e outra de 1685. É pena que não haja a primeira edição de 1654, tanto mais que não sei onde li que houve acréscimos de uma edição para outra. Encontro duas edições do século XVIII da obra completa de Sforza Pallavicino. Não encontro Peregrine (é uma lacuna, mas consola-me o fato de possuir uma antologia dele em Raimondi, com oitenta páginas).

Diga-se de passagem que encontrei aqui e ali, nos textos críticos, fragmentos de Agostino Mascardi e do seu *De l'arte istorica,* de 1636, uma obra com muitas observações sobre a arte que, entretanto, não é considerada como integrante da tratadística barroca: aqui em Alexandria há *cinco* edições dela, três do século XVII e duas do século XVIII. Conviria fazer uma tese sobre Mascardi? Pensando bem, a pergunta não é frívola. Se alguém não pode deslocar-se, o melhor é trabalhar com o que há *in loco.*

Certa vez, um professor de filosofia disse-me ter escrito um livro sobre determinado filósofo alemão apenas porque seu departamento comprara a obra completa dele em nova edição. Do contrário, teria estudado outro autor. Não é um belo exemplo de candente vocação científica, mas vem a propósito.

Ponhamos os pingos nos is. O que é que fiz em Alexandria? Reuni uma bibliografia que, no mínimo, compreende uns trezentos títulos, e registrei as indicações que encontrei. Desses, deparei em Alexandria com cerca de trinta, afora os textos originais de pelo menos dois autores que poderei estudar, Tesauro e Sforza Pallavicino. Não é nada mau para uma capital de província, mas bastará para a minha tese?

Falemos claramente. Se eu quisesse fazer uma tese de três meses, só com material de segunda mão, bastaria. Os livros que não encontrei serão citados nos que encontrei, e se elaborar bem a minha resenha, poderei daí extrair um discurso aceitável. O problema seria, contudo, a bibliografia. Pois, se coloco apenas o que li realmente, o orientador poderia me atacar com base num texto fundamental que ignorei. Se trapaceio, já vimos como tal procedimento é errôneo e imprudente.

Porém, uma coisa é certa: nos primeiros três meses posso trabalhar tranquilo sem deslocar-me das vizinhanças, entre sessões na biblioteca e empréstimos. Devo ter presente que os livros de consulta e os livros antigos não são emprestados, assim como os anais de revistas (mas para os artigos posso trabalhar com fotocópias). Os outros livros, sim. Se conseguir planejar algumas sessões intensivas no centro universitário para os meses seguintes, de setembro a dezembro, poderei trabalhar tranquilamente no Piemonte. Ademais, poderei ler toda a obra de Tesauro e Sforza. Ou melhor, devo indagar-me se não conviria antes centrar-me num só desses autores, lidando diretamente com o texto original e utilizando como fundo o material bibliográfico. Depois será o caso de determinar os livros que não posso deixar de consultar e ir-lhes ao encalço em Turim ou Gênova. Com um pouco de sorte, encontrarei tudo o que preciso. Graças ao fato de ter-me limitado ao tema italiano, evitarei ter de ir, quem sabe, a Paris ou a Oxford.

Mas tais decisões são difíceis de tomar. O mais sábio seria, uma vez feita a bibliografia, fazer uma visita ao professor e mostrar-lhe o que tenho. Ele poderá aconselhar-me uma solução cômoda que restrinja o quadro, e dizer-me quais os livros absolutamente indispensáveis. Quanto a estes, se em Alexandria faltam alguns, posso falar com o bibliotecário e saber se ele poderá pedi-los em empréstimo a outras bibliotecas. Num só dia no centro universitário serei capaz de identificar uma série de livros e artigos sem ter tido tempo de lê-los. Para os artigos, a biblioteca de Alexandria poderá escrever e solicitar fotocópias. Um artigo importante de vinte páginas me custaria pouco, incluindo as despesas postais.

Em teoria, poderei tomar ainda outra decisão. Tenho em Alexandria os textos de dois autores principais e um número suficiente de textos críticos. Suficiente para entender aqueles dois autores,

A PESQUISA DO MATERIAL

não para dizer algo de novo no plano historiográfico ou filológico (se ao menos dispusesse da primeira edição de Tesauro, poderia fazer uma comparação entre três edições seiscentistas). Suponhamos agora que alguém me aconselhe a tomar, no máximo, uns quatro ou cinco livros nos quais se exponham teorias *contemporâneas* da metáfora. Pessoalmente aconselho: *Ensaio de Linguística Geral*, de Jakobson, a *Retórica Geral*, do Grupo µ de Liège, e *Metonímia e Metáfora*, de Albert Henry. Tenho elementos para esboçar uma teoria estruturalista da metáfora. E esses livros são fáceis de encontrar em tradução italiana e a baixo custo.

Nesse ponto, já posso comparar as teorias modernas com as barrocas. Para um trabalho do gênero, com os textos de Aristóteles, Tesauro e uns trinta estudos sobre este, bem como os três livros contemporâneos de referência, tenho a possibilidade de construir uma tese inteligente, com alguma originalidade e nenhuma pretensão de descobertas filológicas (apenas com a pretensão de ser exato no que respeita às referências ao barroco). E tudo sem arredar pé de Alexandria, a não ser para procurar em Turim ou Gênova uns dois ou três livros fundamentais.

Mas tudo isso são hipóteses. Poderia mesmo suceder que, fascinado com a pesquisa, descobrisse estar tentado a dedicar não um, mas três anos ao estudo do barroco, pedindo crédito ou bolsa para estudar por conta própria etc. Quanto ao leitor, não deve esperar que o presente livro lhe vá dizer o que colocar em sua tese ou o que fazer de sua vida.

O que queríamos demonstrar (e pensamos ter demonstrado) é que se *pode chegar a uma biblioteca de interior sem saber nada ou quase nada sobre um tema e ter, em três tardes, ideias suficientemente claras e completas*. Por isso, não vale dizer que "estou no interior, não tenho livros, não sei por onde começar e não tenho quem me ajude".

Naturalmente, é preciso escolher temas que se prestem a esse jogo. Suponhamos que eu tivesse decidido escrever sobre a lógica dos mundos possíveis em Kripke e Hintikka. Também fiz essa prova e ela me custou pouquíssimo tempo. Uma primeira inspeção no catálogo por assuntos (verbete "lógica") revelou-me que a biblioteca possui pelo menos quinze livros muito conhecidos de lógica formal (Tarski, Lukasiewicz, Quine, alguns manuais, estudos de Casari, Wittgenstein, Strawson etc.). Mas nada, evidentemente, sobre as lógicas modais mais recentes, material que só se encontra, na maior parte dos casos, em revistas especializadíssimas e às vezes falta até em bibliotecas de institutos de filosofia.

Mas escolhi de propósito um tema que ninguém pensaria em abordar no último ano, ignorando-o de todo e sem ter em casa textos-base. Não quero dizer que seja uma tese para estudante rico. Conheço um, nada opulento, que apresentou uma tese sobre tema semelhante hospedando-se num pensionato religioso e comprando pouquíssimos livros. Mas era uma pessoa que optara por empenhar-se em tempo integral e, embora se sacrificando, não tinha uma situação familiar precária a exigir-lhe que trabalhasse. Não existem teses que, por si mesmas, sejam de estudantes ricos, pois mesmo um tema como *As Variações da Moda de Praia em Acapulco em Cinco Anos* pode encontrar uma instituição disposta a financiar a pesquisa. É claro, porém, que existem teses impossíveis de serem feitas quando se está em situação particularmente difícil. E é por isso que aqui procuramos estudar como levar a cabo trabalhos dignos, se não propriamente com figos secos, pelo menos sem frutos exóticos.

3.2.5. E se for preciso ler livros? Em que ordem?

O capítulo sobre pesquisa na biblioteca e o exemplo de pesquisa *ab ovo* que apresentei podem fazer pensar que fazer uma tese significa amealhar montes de livros.

Mas uma tese é sempre feita sobre livros e com livros? Já vimos que também há teses experimentais em que se registram pesquisas de campo, fruto às vezes de meses e meses de observação do comportamento de um casal de ratos num labirinto. Sobre esse tipo de tese não me aventuro a falar, uma vez que o método depende da disciplina, e ademais quem costuma fazer pesquisas do gênero já vive em laboratórios, convivendo com outros pesquisadores, e não precisa deste livro. Só sei, como já disse, é que mesmo nesse gênero de tese a experiência deve ser enquadrada numa discussão da literatura científica precedente, de sorte que também aí os livros entram em jogo.

O mesmo acontecerá a uma tese de sociologia que exija do candidato um longo contato com situações reais. Também aqui

A PESQUISA DO MATERIAL

precisará de livros, quando menos para saber como se fizeram pesquisas análogas.

Há teses que são feitas folheando jornais ou atas parlamentares, mas elas também exigem uma literatura de apoio.

Enfim, existem outras em que apenas se fala de livros, como em geral as de literatura, filosofia, história da ciência, direito canônico ou lógica formal. Nas universidades italianas, em especial nas faculdades de ciências humanas, constituem maioria. Até porque um estudante americano que estude antropologia cultural tem os índios em casa ou encontra quem lhe financie pesquisas no Congo, enquanto, de um modo geral, o italiano se contenta em analisar o pensamento de Franz Boas. Existem, está claro, e cada vez mais, boas teses de etnologia calcadas no estudo da realidade do país, mas mesmo aí se exige certo trabalho de biblioteca, ao menos para procurar repertórios de folclore anteriores.

Digamos, de qualquer forma, que o presente livro tem em mira, por motivos compreensíveis, a grande maioria de teses feitas sobre livros e que utilizam exclusivamente livros.

A esse propósito, contudo, convém recordar que, em geral, uma tese sobre livros recorre a dois tipos de livros: os livros *de que* se fala e os livros com *a ajuda dos quais* se fala. Em outras palavras, existem os textos-objeto e a literatura sobre eles. No exemplo do parágrafo anterior, tínhamos, por um lado, os tratadistas do barroco e, por outro, todos os que escreveram sobre esses tratadistas. Devemos, pois, distinguir os textos da literatura crítica.

Uma pergunta oportuna é, portanto, a seguinte: cumpre enfrentar imediatamente os textos ou passar primeiro pela literatura crítica? A questão pode ser desarrazoada por dois motivos: (a) porque a decisão depende da situação do estudante, que pode já conhecer bem o autor e decidir aprofundar-se, ou estar pela primeira vez abordando um autor difícil e, à primeira vista, incompreensível; (b) o círculo é em si vicioso, pois sem literatura crítica preliminar o texto pode parecer ilegível, e sem seu conhecimento não se pode aquilatar a literatura crítica.

Mas a pergunta tem seu fundamento quando provém de um estudante desorientado, o de nosso exemplo anterior, por exemplo, a enfrentar pela primeira vez os tratadistas barrocos. Ele pode se indagar se deve começar a ler de imediato Tesauro ou familiarizar-se antes com Getto, Anceschi, Raimondi etc.

A resposta mais sensata me parece esta: abordar em primeiro lugar dois ou três textos críticos dos mais gerais, o suficiente para formar uma ideia do terreno onde está se movendo; passar depois ao autor original, procurando entender algo do que ele diz; a seguir, examinar o resto da literatura crítica; por fim, voltar ao autor original e reexaminá-lo à luz das novas ideias adquiridas. Mas esse é um conselho teórico demais. Na realidade, cada um estuda ao ritmo do objetivo e, nesse caso, "comer" desordenadamente não faz mal. Pode-se avançar em ziguezague, alternar os objetivos, desde que uma rigorosa rede de anotações pessoais, possivelmente sob a forma de fichas, dê consistência ao resultado desses movimentos "aventureiros". Naturalmente tudo depende também da estrutura psicológica do pesquisador. Existem pessoas *monocrônicas* e *policrônicas*. As primeiras só trabalham bem quando começam e acabam uma coisa por vez. Não conseguem ler ouvindo música, não conseguem interromper um romance para ler outro, senão perdem o fio da meada e, nos casos extremos, nem sequer conseguem responder a uma pergunta enquanto fazem a barba.

Os policrônicos são o contrário. Só trabalham bem quando conduzem várias atividades concomitantemente e, se se concentram numa delas, tornam-se opressos e entediados. Os monocrônicos são mais metódicos, mas sua fantasia é às vezes limitada. Os policrônicos parecem mais criativos, não raro se revelam atabalhoados e inconstantes. Mas se formos analisar a biografia dos grandes homens, veremos que entre eles havia tanto monocrônicos quanto policrônicos.

4. O Plano de Trabalho e o Fichamento

4.1. O ÍNDICE COMO HIPÓTESE DE TRABALHO

Uma das primeiras coisas a fazer para *começar* a trabalhar numa tese é escrever o título, a introdução e o índice final – ou seja, tudo aquilo que os autores deixam *no fim*. O conselho parece paradoxal: começar pelo fim? Mas quem disse que o índice vem no fim? Em alguns livros aparece no início, de modo que o leitor faça desde logo uma ideia do conteúdo. Em outras palavras, redigir logo o índice como hipótese de trabalho serve para definir o âmbito da tese.

Objetar-se-á que, à medida que o trabalho avança, esse índice hipotético se vê obrigado a reestruturar-se várias vezes, talvez assumindo uma forma totalmente diferente. Certo. Mas a reestruturação será mais bem feita se contar com um ponto de partida.

Imagine precisar viajar de carro mil quilômetros, com uma semana à disposição. Mesmo estando de férias, você não sairá de casa às cegas, tomando o primeiro rumo que lhe der na telha. Fará antes um roteiro. Pensará tomar a rodovia Milão-Nápoles, desviando até Florença, Siena, Arezzo, uma parada mais longa em Roma e uma visita ao Monte Cassino. Se, durante a viagem, perceber que Siena lhe tomou mais tempo que o previsto ou que, além de Siena, valia a pena visitar San Giminiano, decidirá eliminar Monte Cassino.

Ao chegar a Arezzo, poderá resolver ir para o leste e visitar Urbino, Perúgia, Assis, Gubbio. Ou seja, por motivos perfeitamente válidas você resolveu modificar o trajeto em meio à viagem. Mas foi *esse trajeto* que você modificou, não um trajeto *qualquer.*

O mesmo se passa em relação à sua tese. Você se propõe um *plano de trabalho,* que assumirá a forma de um índice provisório. Melhor ainda se ele for um sumário no qual, para cada capítulo, se esboce um breve resumo. Assim fazendo, esclarecerá para você mesmo o que tem em mente. Em segundo lugar, poderá propor um projeto compreensível ao orientador. Em terceiro lugar, verá se suas ideias já estão suficientemente claras. Há projetos que parecem muito claros enquanto só pensados; quando se começa a escrever, tudo se esboroa em nossas mãos. Pode-se ter ideias claras sobre o ponto de partida e de chegada, mas se verificará que não se sabe muito bem como chegar de um ao outro e o que haverá entre esses dois pontos. Uma tese, tal como uma partida de xadrez, compõe-se de muitos movimentos, só que você deverá ser capaz de predizer os seus movimentos para pôr em xeque o adversário, do contrário fracassará.

Para sermos mais precisos, o plano de trabalho compreende o *título,* o *índice* e a *introdução.* Um bom título já é um projeto. Não falo do título que você registrou na secretaria há muitos meses, quase sempre tão genérico que permite incontáveis variações; falo do título "secreto" de sua tese, aquele que pode aparecer como subtítulo. Uma tese pode ter como título "público" *O Atentado a Togliatti e o Rádio,* mas seu subtítulo (e verdadeiro tema) será: *Análise do conteúdo tendente a esclarecer a manipulação da vitória de Gino Bartali no* Tour de France *para desviar a atenção pública do fato político emergente.* Quer dizer, após delimitar a área temática, você decidiu abordar um ponto específico. A formulação desse ponto constitui também uma espécie de *pergunta:* houve uma utilização específica por parte do rádio da vitória de Gino Bartali a ponto de revelar o projeto de desviar a atenção do atentado a Togliatti? E tal projeto poderá ser revelado a partir de uma análise do conteúdo das notícias radiofônicas? Eis aí como o título (transformado em pergunta) torna-se parte essencial do plano de trabalho.

Logo após elaborar essa pergunta, devemos estabelecer etapas de trabalho, que corresponderão a outros tantos capítulos do índice. Por exemplo:

O PLANO DE TRABALHO E O FICHAMENTO

1. Literatura sobre o assunto
2. O acontecimento
3. As notícias do rádio
4. Análise quantitativa das notícias e de sua colocação horária
5. Análise do conteúdo das notícias
6. Conclusões

Ou, então, prever-se o seguinte desenvolvimento:

1. O acontecimento: síntese das várias fontes de informação
2. As notícias radiofônicas do atentado até a vitória de Bartali
3. As notícias radiofônicas desde a vitória de Bartali até os três dias posteriores
4. Comparação quantitativa das duas séries de notícias
5. Análise comparada de conteúdo das duas séries de notícias
6. Avaliação sociopolítica

Como já dissemos, o índice deveria sempre ser mais analítico. Querendo, poderá escrevê-lo numa folha grande, assinalando os títulos a lápis e substituindo-os por outros, controlando assim as várias fases da reestruturação.

Outro método de elaborar o índice-hipótese é a estrutura em árvore:

1. Descrição do acontecimento
2. As notícias radiofônicas   Do atentado até Bartali
                              De Bartali em diante
3. Etc.

o que permite acrescentar várias ramificações. Em definitivo, um índice-hipótese deverá ter a seguinte estrutura:

1. Posição do problema
2. Os estudos precedentes
3. Nossa hipótese
4. Dados que estamos em condições de apresentar
5. Sua análise
6. Demonstração da hipótese
7. Conclusões e referências para o trabalho posterior

A terceira fase do plano é um esboço de introdução. Esta não é mais que o comentário analítico do índice:

Com o presente trabalho propomo-nos demonstrar uma determinada tese. Os estudos precedentes deixaram em aberto inúmeros problemas e os dados recolhidos não bastam. No primeiro capítulo tentaremos estabelecer o ponto "x"; no segundo, abordaremos o problema "y". Concluindo, tentaremos provar isto e aquilo. Deve-se ter presente que nos fixamos limites precisos, isto é, tais e tais. Dentro desses limites, o método que adotaremos é o seguinte... etc.

O objetivo dessa introdução fictícia (fictícia porque você a refundirá muitas vezes antes de acabar a tese) é permitir-lhe a fixação das ideias ao longo de uma diretriz que não será alterada exceto às custas de uma reestruturação consciente do índice. Assim você controlará os desvios e os impulsos. Essa introdução também serve para mostrar ao orientador *o que se pretende fazer*. Mas presta-se sobretudo a demonstrar se *já se tem as ideias em ordem*. Com efeito, presume-se que o estudante saia da escola secundária já sabendo escrever, pois lhe deram uma infinidade de temas para redação. Depois, passa quatro, cinco ou mais anos na universidade, onde geralmente ninguém lhe exige mais do que escrever, e se vê diante da tese completamente desapercebido[1]. Será um grande choque. Cumpre aprender e escrever depressa, talvez utilizando as próprias hipóteses de trabalho.

Fique atento, pois enquanto não for capaz de redigir um índice e uma introdução, não poderá afirmar que aquela é a *sua* tese. Se não conseguir escrever o prefácio, isso significa que não tem ainda ideias claras sobre como começar. E, se as tem, é porque pode pelo menos "suspeitar" onde chegará. Com base nessa suspeita, precisamente, é que deverá rascunhar a introdução, como se se tratasse de um resumo do trabalho já feito. Não tenha medo de avançar demasiado. Sempre poderá alterar seus passos.

Fica, pois, claro que *introdução e índice serão continuamente reescritos à medida que o trabalho progride*. É assim que se faz. O índice e a introdução finais (que aparecerão no trabalho datilografado) serão diferentes dos iniciais. É normal. Do contrário, pareceria que toda a pesquisa não trouxera nenhuma ideia nova.

---

1 O mesmo não acontece em outros países, como os Estados Unidos, onde o estudante, em vez dos exames orais, escreve *papers*, ensaios ou "pequenas teses" de dez ou vinte páginas para qualquer curso em que se inscreveu. É um sistema muito útil que já se adotou também entre nós (dado que os regulamentos não o excluem inteiramente e a forma oral-nocionista do exame é apenas um dos métodos consentidos para que o docente avalie o estudante).

O que distinguirá a primeira e a última redação da introdução? O fato de, na última, você prometer muito menos que na primeira, mostrando-se bem mais cauteloso. O objetivo da introdução definitiva será ajudar o leitor a penetrar na tese: mas nada de prometer-lhe o que depois você será incapaz de cumprir. O ideal de uma boa introdução definitiva é que o leitor se contente com ela, entenda tudo e não leia o resto. Trata-se de um paradoxo, mas muitas vezes uma boa introdução, num livro publicado, dá uma ideia exata ao crítico, levando-o a falar dele como o autor desejaria. Mas o que aconteceria se o orientador (ou outro qualquer) lesse a tese e descobrisse que você apregoou na introdução resultados a que, em verdade, não chegou? Eis a razão por que essa última redação deve ser cautelosa e só prometer o que a tese for capaz de dar.

A introdução serve também para estabelecer qual será o *núcleo* e a *periferia* da tese, distinção importante não só por razões de método. Será exigido mais de você no que ficou definido como núcleo do que como periferia. Se numa tese sobre a guerra de guerrilha em Monferrato ficar estabelecido que o núcleo são os movimentos das formações de Badoglio, serão perdoadas algumas inexatidões ou aproximações a propósito das brigadas garibaldinas, mas exigir-se-á completude absoluta sobre as formações de Franchi e Mauri. Naturalmente, o inverso também é verdadeiro.

Para decidir qual o núcleo (ou foco) da tese, você deverá saber algo sobre o material de que dispõe. Eis por que o título "secreto", a introdução fictícia e o índice-hipótese se contam entre *as primeiras coisas* a fazer, mas não *a primeira*.

A primeira coisa a fazer é a pesquisa bibliográfica (e já vimos em 2.2.4. que é possível fazê-la em menos de uma semana, mesmo numa cidadezinha). Lembremo-nos do exemplo de Alexandria: três dias bastariam para alinhavar um índice razoável.

Que lógica presidirá a construção do índice-hipótese? A escolha depende do tipo de tese. Numa tese histórica poderia haver um plano *cronológico* (por exemplo: *A Perseguição dos Valdenses na Itália*) ou de *causa e efeito* (por exemplo: *As Causas do Conflito Árabo-Israelense*). É possível um plano *espacial* (*A Distribuição das Bibliotecas Circulares no Canavesano*) ou *comparativo-contrastante* (*Nacionalismo e Populismo na Literatura Italiana no Período da Grande Guerra*). Numa tese de caráter experimental você terá um plano *indutivo*, em que se parte de algumas provas para a proposição de uma teoria; numa tese de caráter lógico-matemático, um plano do tipo *dedutivo*, em que aparece primeiro a proposição teórica e depois suas possíveis aplicações a exemplos concretos... Direi que a literatura crítica, a que já nos referimos, pode oferecer bons exemplos de planos de trabalho, bastando utilizá-la criticamente, comparando os vários autores e vendo quem responde melhor às exigências do problema formulado no título "secreto" da tese.

O índice já estabelece qual será a subdivisão lógica da tese em capítulos, parágrafos e subparágrafos. Sobre as modalidades dessa subdivisão, vejam-se 6.2.4. e 6.4. Também aqui uma boa subdivisão em disjunção binária permite acréscimos sem que se altere demais a ordem inicial. Por exemplo, se seu índice for:

1. Problema central
    1.1. Subproblema principal
    1.2. Subproblema secundário
2. Desenvolvimento do problema central
    2.1. Primeira ramificação
    2.2. Segunda ramificação

essa estrutura pode ser representada por um diagrama em árvore, no qual as linhas indicam sucessivas sub-ramificações que poderão ser introduzidas sem perturbar a organização geral do trabalho:

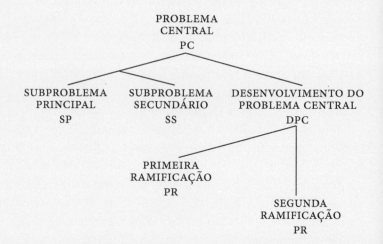

As siglas sob cada subdivisão estabelecem a correlação entre índice e ficha de trabalho, e serão explicadas em 4.2.1.

Uma vez disposto o índice como hipótese de trabalho, *as fichas e outros tipos de documentação deverão sempre se referir aos vários pontos do índice.* Tais referências precisam ser claras desde o começo e expressas com nitidez por meio de siglas e/ou cores. Com efeito, elas servirão para organizar as referências internas.

O que é *referência interna,* já vimos também neste livro. Com frequência, fala-se de algo que já foi tratado em capítulo anterior e faz-se remissão, entre parênteses, aos números daquele capítulo ou parágrafo ou subparágrafo. As referências internas servem para evitar repetições infindáveis de uma coisa só, mas, ao mesmo tempo, revelam a coesão de toda a tese. Uma referência interna pode significar que um mesmo conceito é válido sob dois pontos de vista, que um mesmo exemplo demonstra dois diferentes argumentos, que tudo o que se disse com um sentido geral se aplica também à análise de um determinado ponto em particular, e assim por diante.

Uma tese bem organizada deveria conter referências internas em abundância. Sua ausência significa que cada capítulo avança por conta própria, como se nada do que ficou dito nos anteriores importasse. Ora, está fora de dúvidas que há certos tipos de teses (por exemplo, coleta de documentos) que podem dispensar tais referências, mas estas serão necessárias pelo menos no momento das conclusões. Um índice-hipótese bem elaborado é a rede numerada que permite aplicar referências internas sem a necessidade contínua de recorrer às folhas em que se falou de determinado assunto. Como acha que fiz para escrever o presente livro?

Para refletir a estrutura lógica da tese (núcleo e periferia, tema central e suas ramificações etc.), o índice deve ser articulado em *capítulos, parágrafos e subparágrafos.* Para evitar longas explicações, você poderá consultar o índice deste livro, que é rico em parágrafos e subparágrafos (e, por vezes, em subdivisões ainda menores, que o índice não reporta: veja, por exemplo, 3.2.3.). Uma subdivisão bem analítica ajuda a compreensão lógica do discurso.

A organização lógica deve refletir-se no índice. Isso quer dizer que, se 1.3.4. desenvolve um corolário de 1.3., tal circunstância deve ser graficamente evidente no índice, como exemplificamos aqui:

ÍNDICE

I. A SUBDIVISÃO DO TEXTO
   I.1. *Os capítulos*
      I.1.1. Espacejamento
      I.1.2. Abertura de parágrafos
   I.2.   *Os parágrafos*
      I.2.1. Tipos diversos de títulos
      I.2.2. Eventuais subdivisões em subparágrafos
II. A REDAÇÃO FINAL
   II.1.   *Datilografia*
   II.2.   *Custo da máquina de escrever*
III. A ENCADERNAÇÃO

Esse tipo de subdivisão nos mostra também que não é necessário cada capítulo vir submetido à mesma subdivisão analítica dos demais. Exigências do discurso podem requerer que um dado capítulo seja dividido em certo número de subparágrafos, enquanto outro pode conter um discurso contínuo sob um título geral.

Há teses que não requerem tantas divisões e nas quais, ao contrário, uma subdivisão demasiado minuciosa quebra o fio do discurso (pensemos, por exemplo, numa reconstituição biográfica). Mas, de qualquer modo, é bom ter sempre presente que a subdivisão minuciosa ajuda a controlar a matéria e a seguir o discurso. Se vejo que uma observação está no subparágrafo 1.2.2., compreendo imediatamente que se trata de algo referido na ramificação dois do capítulo um e que tem a mesma importância da observação 1.2.1.

Uma última advertência: quando você tiver um índice "de ferro", pode permitir-se não começar do início, mas da parte sobre a qual se sente melhor documentado e seguro. Isso, porém, só é possível se tiver como base um *esquema de orientação*, ou seja, o índice como hipótese de trabalho.

4.2. FICHAS E APONTAMENTOS

4.2.1. *Vários tipos de fichas: para que servem*

À medida que sua bibliografia cresce, você vai lendo o material. É puramente teórico pensar em formar primeiro a bibliografia para só então começar a leitura. De fato, após elaborar uma

O PLANO DE TRABALHO E O FICHAMENTO

lista inicial, passa-se a ler os primeiros livros recolhidos. Outras vezes, ao contrário, começa-se por um livro, partindo-se daí para a formação da bibliografia inicial. De qualquer forma, à medida que livros e artigos vão sendo lidos, as referências crescem e o fichário bibliográfico aumenta.

A situação ideal para uma tese seria possuir em casa todos os livros de que se tem necessidade, novos ou antigos (e ter uma boa bibliografia pessoal, além de um local de trabalho cômodo e espaçoso, com várias mesas em que possa dispor os livros a que nos reportamos, divididos em várias pilhas). Mas essa condição ideal é muito rara, mesmo para um estudioso profissional.

Ainda assim, suponhamos que você tenha encontrado e adquirido todos os livros necessários – em princípio, adotará apenas as fichas bibliográficas já referidas em 3.2.2. – e que tenha elaborado um plano (ou índice hipotético, cf. 4.1.), com capítulos bem numerados e que, à medida que os livros são lidos, anotará nas margens as siglas correspondentes aos capítulos do plano. Paralelamente, registrará junto aos capítulos do plano a sigla correspondente a um dado livro e o número da página, de modo que saiba onde procurar, no momento da redação, determinada ideia ou citação. Vamos supor que a tese seja *A Ideia dos Mundos Possíveis na Ficção Científica Americana* e que a subdivisão 4.5.6. do plano seja "A Dobra do Tempo Como Passagem Entre Mundos Possíveis". Lendo *Troca Mental* (*Mindswap*) de Robert Sheckly, verá no capítulo XXI, página 137 da edição Omnibus Mondadori (título italiano *Scambio Mentale*), que o tio de Marvin, Max, topou com uma dobra temporal enquanto jogava golfe no Fairhaven Country Club de Stanhope e se viu arremessado ao planeta Clesius. Você assinalará à margem da página 137:

T. (4.5.6.) dobra de tempo

que significará que a nota se refere à tese (pois dez anos depois você poderá usar o mesmo livro para outro trabalho, e é bom saber a qual deles se refere determinada nota) e àquela subdivisão em particular. Da mesma forma, marcará no plano de trabalho, ao lado do parágrafo 4.5.6.:

cf. Sheckly, *Mindswap*, 137.

num lugar onde já existem remissões ao *Universo Absurdo* de Brown e *A Porta Para o Verão* de Heinlein.

Mas tal procedimento pressupõe: (a) que você tenha o livro em casa; (b) que possa rabiscá-lo; (c) que o plano de trabalho já esteja elaborado de modo definitivo. Suponha agora que não tenha o livro, porque é raro e só se encontra na biblioteca; que ele é emprestado, e não se pode rabiscá-lo (ou poderia até ser seu, mas você não se atreve a danificá-lo por ser de valor inestimável); ou que tenha de reestruturar o plano: você está em dificuldades. O último caso é o mais normal.

À medida que você avança, o plano se enriquece e se reestrutura, impedindo que as anotações nas margens dos livros sejam alteradas constantemente. Portanto, essas anotações devem ser genéricas, do tipo: "mundos possíveis!" Como, pois, superar essas imprecisões? Fazendo, por exemplo, um *fichário de ideias*: terá uma série de fichas com títulos como *Dobras de Tempo, Paralelismos Entre Mundos Possíveis, Contraditoriedade, Variações de Estrutura* etc., assinalando a referência precisa a Sheckly na primeira. Todas as referências a dobras de tempo poderão ser feitas num dado ponto do plano definitivo, mas a ficha poderá mudar de lugar, fundir-se com outras, posta antes ou depois de outra.

Eis, pois, que se esboça a existência de um primeiro fichário, o das *fichas temáticas,* que é perfeitamente adequado, por exemplo, para uma tese de história das ideias. Se seu trabalho sobre mundos possíveis na ficção científica americana discrimina as várias maneiras pelas quais diversos autores abordaram os problemas lógico-cosmológicos, o *fichário temático* é ideal.

Mas suponhamos que você tenha decidido organizar a tese de modo diferente, ou seja, por *retratos:* um capítulo introdutório sobre o tema e, a seguir, um para cada autor principal (Sheckly, Heinlein, Asimov, Brown etc.), ou então uma série de capítulos dedicados cada qual a um romance-modelo. Nesse caso, mais do que um fichário temático, é necessário um *fichário por autores.* Na ficha Sheckly, você terá todas as remissões que o ajudarão a encontrar as passagens dos livros que tratam dos mundos possíveis. Talvez a ficha esteja subdividida em *Dobras de Tempo, Paralelismos, Contradições* etc.

Suponhamos agora que sua tese aborde o problema de maneira mais teórica, utilizando a ficção científica como ponto

O PLANO DE TRABALHO E O FICHAMENTO

de referência, mas discutindo, de fato, a lógica dos mundos possíveis. As referências à ficção científica serão puramente casuais, servindo para inserir citações textuais essencialmente ilustrativas. Nesse caso, terá necessidade de um *fichário de citações* em que, na ficha *Dobras de Tempo*, registrará uma frase de Sheckly particularmente significativa; na ficha sobre *Paralelismos*, anotará a descrição de Brown de dois universos absolutamente idênticos, em que a única variação é o laço dos sapatos do protagonista, e assim por diante.

Mas tenha em mente a possibilidade de não possuir o livro de Sheckly e que o leu na casa de um amigo residente em outra cidade, bem antes de idealizar um plano de trabalho que previsse os temas das dobras temporais e dos paralelismos. Faz-se necessário então um *fichário de leitura* com uma ficha sobre *Troca Mental*, os dados bibliográficos desse livro, o resumo geral, uma série de avaliações sobre sua importância e várias citações textuais que, de imediato, lhe pareçam significativas.

Acrescentemos as *fichas de trabalho*, que podem ser de vários tipos, fichas de ligação entre ideias e seções do plano, fichas problemáticas (como abordar tal problema?), fichas de sugestões (que recolhem ideias de outros, sugestões de desenvolvimentos possíveis) etc. Tais fichas deveriam ter cores diferentes para cada série e conter no topo da margem direita siglas que as relacionem com as fichas de outras cores e com o plano geral. Coisa majestosa.

Portanto: no parágrafo anterior, imaginamos a existência de um fichário bibliográfico (pequenas fichas com simples dados bibliográficos de todos os livros úteis conhecidos); agora, pesquisa-se a existência de toda uma série de fichários complementares:

a) fichas de leitura de livros ou artigos
b) fichas temáticas
c) fichas por autores
d) fichas de citações
e) fichas de trabalho

Mas precisamos mesmo fazer todas essas fichas? Claro que não. Bastará um fichário simples de leitura, com todas as outras ideias registradas em cadernos; ou apenas as fichas de citações se a tese (sobre a *Imagem da Mulher na Literatura Feminina dos Anos Quarenta*, por exemplo) partir já de um plano muito preciso, tiver pouca literatura crítica a examinar e necessitar apenas da coleta de um abundante material narrativo para ser citado. Como se vê, o número e a natureza dos fichários dependem do tipo de tese.

A única coisa que posso sugerir é que um dado fichário seja completo e unificado. Suponhamos, por exemplo, que sobre o tema escolhido você tenha em casa os livros de Smith, Rossi, Braun e De Gomera, e tenha lido na biblioteca os de Dupont, Lupescu e Nagasaki. Se fichar apenas os três últimos e confiar na memória para os outros quatro (e na segurança de tê-los ao alcance), como fará no momento da redação? Trabalhar em parte com os livros e em parte com as fichas? E se precisar reestruturar o plano de trabalho que terá em mãos? Livros, fichas, cadernos, folhetos? Será mais útil fichar por extenso, e com abundância de citações, Dupont, Lupescu e Nagasaki, mas elaborar também fichas sucintas para Smith, Rossi, Braun e De Gomera, talvez sem copiar as citações importantes e apenas assinalando as páginas em que se encontram. Assim fazendo, trabalhará com material homogêneo, facilmente transportável e manejável. E, com um simples passar de olhos, saberá o que leu e o que resta a consultar.

Há casos em que é mais cômodo e útil fichar tudo. Pense numa tese literária em que deverá encontrar e comentar inúmeras citações significativas de diversos autores sobre um mesmo tema. Suponhamos que o título seja *O Conceito de Vida Como Arte Entre Romantismo e Decadentismo*. No quadro 5 aparece um exemplo de quatro fichas que reúnem citações a serem utilizadas.

Como se vê, a ficha traz no alto a sigla CIT (para distingui-la de outros eventuais tipos de ficha) e a seguir o tema "Vida Como arte". Por que motivo específico aqui o tema, uma vez que já o conheço? Porque a tese poderia desenvolver-se de maneira que "Vida Como arte" se torne apenas parte do trabalho; porque esse fichário poderia servir-me também depois da tese e integrar-se num fichário de citações sobre outros temas; e porque poderei encontrar essas fichas vinte anos depois e perguntar-me a que diabo se referem. Em terceiro lugar, anotei o nome do autor da citação. Basta o sobrenome, pois supõe-se que já exista uma ficha biográfica ou que a tese já tenha falado dele no início. O corpo da ficha contém a citação breve ou longa (pode ir de uma a trinta linhas).

Vejamos a ficha sobre Whistler: há uma citação seguida de um ponto de interrogação. Significa que encontrei a frase pela

O PLANO DE TRABALHO E O FICHAMENTO 113

primeira vez num outro livro, mas não sei donde vem, se está correta ou como é em inglês. Mais tarde aconteceu-me de encontrar o texto original, e o anotei com as referências necessárias. Agora já posso usar a ficha para uma citação correta.

Vejamos a ficha sobre Villiers de L'Isle Adam. Tenho a citação, sei de que obra provém, mas os dados estão incompletos. Aí está uma ficha a ser completada. Igualmente incompleta é a de Gauthier. A de Wilde é satisfatória caso o tipo de tese permita-me citações em português. Se a tese fosse de estética, seria suficiente. Se fosse de literatura inglesa ou literatura comparada, precisaria completar a ficha com a citação na língua original.

Se eu tivesse encontrado a citação de Wilde numa cópia que possuo em casa e não elaborasse a ficha, ao final do trabalho tê-la-ia esquecido. E se tivesse simplesmente escrito na ficha "v. p. 16", sem transcrever a frase, o problema não seria menor, pois no momento da redação é preciso ter todo o material diante dos olhos. Perde-se tempo fazendo fichas, mas economiza-se mais no final.

Outro tipo de ficha é a *de trabalho*. No quadro 6 vem um exemplo de *ficha de rememoração* para a tese a que nos referimos em 3.2.4., sobre a metáfora nos tratadistas do século XVII. A sigla colocada é REM e assinalei um tema a aprofundar: a *Passagem do Tátil ao Visual*. Ainda não sei se isso virará um capítulo, um pequeno parágrafo, uma simples nota de rodapé ou (por que não?) o tema central da tese. Anotei as ideias que me vieram da leitura de um dado autor, indicando livros a consultar e ideias a desenvolver. Ao fim do trabalho, folheando o fichário poderei aperceber-me de haver descurado uma ideia que, todavia, era importante e tomar algumas decisões: reorganizar a tese para inseri-la ou esquecer o fato; colocar uma nota para mostrar que a tinha presente, mas não julguei oportuno desenvolvê-la àquela altura; ou, finda e entregue a tese, resolver dedicar a esse tema meus trabalhos seguintes. Um fichário, recordemo-lo, é um investimento que se faz por ocasião da tese, mas que, caso tencionemos prosseguir os estudos, nos serve pelos anos afora, às vezes décadas depois.

Mas não podemos estender-nos muito sobre os vários tipos de fichas. Limitemo-nos, pois, a falar do fichamento das fontes primárias e das fichas de leitura das fontes secundárias.

Quadro 5
FICHAS DE CITAÇÕES

CIT
Vida como arte   N°

"Em geral a natureza se engana"
                    ?

Original
"Nature is usually wrong"
        J.A. McNeill Whistler
        The gentle art of making enemies
        1890

CIT
Vida como arte   N°
Villiers de l'Isle Adam

"Viver? Nisso pensam os nossos criados"
                    (Castelo de Axel...

O PLANO DE TRABALHO E O FICHAMENTO

Quadro 5 (continuação)
FICHAS DE CITAÇÕES

CIT   N°
Vida como arte   Th. Gauthier

"Via de regra, uma coisa deixa de ser
bela quando se torna útil."

(Préface des premières
poésis,1832...)

CIT
Vida como arte   N°
Oscar Wilde

"Podemos perdoar a um homem que faça uma
coisa útil fingindo que a admira? A única
desculpa para fazer uma coisa útil é que
ela seja admirada infinitamente. Toda arte
é completamente inútil."

(Prefácio a O Retrato de
Dorian Gray, edição tal pág.
tal)

Quadro 6
FICHAS DE REMEMORAÇÃO

REM   N°

Passagem do tátil ao visual

Cf. Hauser, História social da arte II, 267, onde cita Wölfflin para a passagem do tátil ao visual entre o Renascimento e o Barroco: linear versus pictórico, fechado versus aberto, clareza absoluta versus clareza relativa, multiplicidade versus unidade. Essas idéias encontram-se em Raimondi, Il romanzo senza idillio, ligadas às recentes teorias de McLuhan (A Galáxia de Gutenberg) e Walther Ong.

4.2.2. Fichamento das fontes primárias

As fichas de leitura servem para a literatura crítica. Não usarei esse tipo para as fontes primárias. Em outras palavras, se você prepara uma tese sobre Manzoni, é natural que fiche todos os livros e artigos sobre esse autor que puder recolher, mas seria estranho fichar *I promessi sposi* ou *Carmagnola*. Dar-se-ia o mesmo no caso de uma tese sobre alguns artigos do Código Civil.

O ideal, para as fontes primárias, é tê-las à mão, o que não é difícil em se tratando de autor clássico, sobre o qual existe abundância de excelentes edições críticas, ou moderno, cujas obras estão nas livrarias. Em qualquer caso, trata-se de um investimento necessário. Um livro ou livros *seus* podem ser sublinhados, até em cores diferentes. E vejamos para quê.

Sublinhar personaliza o livro. Marca o seu interesse. Permite-lhe voltar ao livro depois de muito tempo e encontrar imediatamente o que outrora despertou seu interesse. Mas cumpre sublinhar com critério. Há pessoas que sublinham tudo. Isso equivale a não sublinhar nada. Por outro lado, pode acontecer que, numa mesma página, surjam informações que lhe interessam em níveis diferentes. Aqui, cabe diferenciar os traços.

Use lápis de cor, de ponta fina. Atribua a cada assunto uma cor: essas cores reaparecerão no plano de trabalho e nas fichas. Terão muita valia no momento da redação, quando você não terá problema em reconhecer que o vermelho se refere aos trechos relevantes do primeiro capítulo, o verde, aos do segundo, e assim por diante.

Associe uma sigla às cores (ou use siglas em vez de cores). Voltando ao nosso tema dos mundos possíveis na ficção científica, utilize a sigla DT para as dobras de tempo, C para as contradições entre mundos alternativos. Se a tese aborda vários autores, use uma sigla para cada um.

Use siglas para sublinhar a relevância das informações. Um sinal vertical à margem com a anotação IMP esclarecerá que o trecho é *muito importante,* tornando-se desnecessário sublinhar todas as linhas. CIT poderá significar que o trecho merece ser citado por inteiro. CIT/DT significará que a citação é ideal para explicar o problema das dobras temporais.

Coloque siglas nos pontos a retomar. Numa primeira leitura, certas páginas lhe parecerão obscuras. Nesse caso, coloque à margem e ao alto um grande R ("rever"), e assim saberá que precisa voltar a elas, para aprofundar seu conteúdo, depois que a leitura de outros livros esclarecer aquelas ideias.

Quando não se deve sublinhar? Quando o livro não for seu, naturalmente, ou se tratar de uma edição rara, de grande valor comercial, que perderá muito desse valor se rabiscada. Nesse caso, o melhor é tirar fotocópias das páginas relevantes e sublinhá-las. Ou transcrever num caderno os trechos importantes, intercalando-lhes comentários. Ou, ainda, elaborar um fichário também para as fontes primárias, trabalho fatigante, já que você precisará fichar praticamente página por página. Será ótimo se a tese for sobre *Le Grand Meaulnes*, livro bem curto, mas se for sobre *A Ciência da Lógica*, de Hegel? E se, voltando à nossa experiência na biblioteca de Alexandria (3.2.4.), você precisar fichar a edição seiscentista do *Cannocchiale aristotelico* de Tesauro? A solução é a fotocópia ou o caderno de apontamentos, também este controlado por cores e siglas.

Complete os trechos sublinhados com marcadores de página, anotando na extremidade saliente as siglas e as cores.

Cuidado com o álibi das fotocópias! As fotocópias são um instrumento indispensável, seja para que você conserve um texto já lido na biblioteca, seja para que leve para casa algo que ainda não leu. Mas às vezes as fotocópias funcionam como *álibi*. Alguém leva para casa centenas de páginas fotocopiadas e a ação manual que exerceu sobre o livro lhe dá a impressão de possuí-lo. E a posse exime da leitura. Isso acontece a muita gente. Uma espécie de vertigem do acúmulo, um neocapitalismo da informação. Cuidado com as fotocópias: leia-as e anote-as logo após tirá-las. Se não estiver apressado, não tire fotocópias de textos novos antes de *possuir* (isto é, ler e anotar) a fotocópia anterior. Há muitos casos em que *ignoro* porque fotocopiei certo trecho: sinto-me tranquilo como se o tivesse lido.

Se o livro for seu e não tiver valor de antiguidade, não hesite em anotá-lo. Não dê crédito àqueles que dizem que os livros são intocáveis. Maior respeito é usá-lo, não pô-lo de lado. Mesmo se você os vender a um sebo, não obterá mais que alguns tostões, pouco importando se deixou nele ou não o sinal de sua posse.

Leve tudo isso em conta antes de escolher o tema da tese. Se este obrigá-lo à consulta de livros inacessíveis, de milhares de

O PLANO DE TRABALHO E O FICHAMENTO   119

páginas, sem possibilidade de fotocopiá-los ou transcrevê-los em cadernos e mais cadernos, a tese não serve para você.

4.2.3. As fichas de leitura

A ficha mais comum e mais *indispensável* é a de leitura: ou seja, aquela em que você anota com exatidão todas as referências bibliográficas concernentes a um livro ou artigo, explora-lhe o conteúdo, tira dele citações-chaves, forma um juízo e faz observações.

Em suma, a ficha de leitura constitui um aperfeiçoamento da ficha bibliográfica descrita em 3.2.2. Esta última contém apenas as indicações úteis para encontrar o livro, ao passo que a de leitura contém todas as informações sobre o livro ou artigo, e, portanto, deve ser *muito maior.* Você poderá usar as de formato-padrão ou fazê-las pessoalmente; em geral, contudo, devem ter o tamanho de uma folha de caderno na horizontal ou de meia folha de papel ofício. Convém que seja de cartolina para ser facilmente consultada no fichário ou reunida em pacotes ligados com elástico; não deve borrar, permitindo que a pena deslize suavemente sobre ela. Sua estrutura deve ser mais ou menos a das fichas exemplificativas propostas nos Quadros 7-14.

Nada impede, antes se aconselha, que para livros importantes se preencham várias fichas, devidamente numeradas e contendo cada uma, no anverso, indicações abreviadas do livro ou artigo em exame.

As fichas de leitura servem para a literatura crítica. Não são aconselháveis para as fontes primárias em virtude do que ficou dito no parágrafo precedente.

Muitas são as maneiras de fichar um livro. Depende muito da memória de cada um, pois há indivíduos que precisam escrever tudo e outros que não carecem senão de apontamentos. Digamos que o método ideal seja este:

a) *indicações bibliográficas precisas,* possivelmente mais completas do que as da ficha bibliográfica; esta lhe servia para procurar o livro, a de leitura para falar do livro e citá-lo como deve ser na bibliografia final; ao elaborá-la, tem-se o livro nas mãos, podendo extrair dele todas as indicações possíveis, tais como número de páginas, edições, dados sobre a editora etc.;

b) *informações sobre o autor,* quando não se tratar de autoridade notória.

c) *breve (ou longo) resumo do livro ou do artigo.*

d) *citações extensas,* entre aspas, dos trechos que você presume dever citar (e até de outros), com indicação precisa da página ou páginas; cuidado para *não confundir citação com paráfrase* (ver 5.3.2.)!

e) *comentários pessoais* no começo, meio e fim do resumo; para não confundi-los com obra do autor, coloque-os entre colchetes.

f) coloque no canto superior da ficha uma sigla ou cor que a aproxime da parte do plano de trabalho exata; ao se referir a mais de uma parte, use várias siglas; ao se referir à tese em seu conjunto, assinale-o de alguma maneira.

Para não continuar com conselhos teóricos, passemos a exemplos práticos. Nos Quadros 7-14 você encontrará alguns exemplos de fichas. Para não inventar temas e métodos, procurei as fichas de minha tese de licenciatura, que era sobre o *Problema Estético em São Tomás de Aquino.* Não pretendo afirmar que o meu método de fichamento seja o melhor, mas essas fichas dão o exemplo de *um* método que contemplava diversos tipos de fichas. Ver-se-á ainda que, naquela época, eu não era tão meticuloso como agora aconselho os outros a serem. Faltam muitas indicações, outras são excessivamente elípticas. Tais coisas aprendi depois. Mas não quer dizer que você deva incidir nos meus erros. Não alterei, de resto, nem o estilo nem a ingenuidade. Tire do exemplo aquilo que julgar vantajoso. Notará que optei por fichas breves e que não forneço exemplos de algumas que se referiam a obras que, posteriormente, se mostraram fundamentais para o meu trabalho. Elas chegaram a ocupar *dez fichas cada uma.* Vejamo-las *de per si:*

Ficha *Croce* – Tratava-se de uma breve recensão, importante por causa do autor. Só reportava uma opinião muito significativa. Observe os colchetes finais: assim procedi, de fato, dois anos depois.

Ficha *Biondolillo* – Ficha polêmica, com toda a irritação do neófito que vê desprezado o seu tema. Era útil anotá-la dessa maneira para inserir eventualmente uma nota polêmica no trabalho.

Ficha *Glunz* – Livro volumoso, consultado rapidamente junto com um amigo alemão para a boa compreensão do que dizia. Não

O PLANO DE TRABALHO E O FICHAMENTO

tinha interesse imediato para meu trabalho, mas talvez valesse a pena citá-lo pelo menos em nota.

Ficha *Maritain* – Autor de quem eu já conhecia a obra fundamental *Art et scolastique,* mas que me inspirava pouca confiança. Assinalei ao final não dever aceitar suas citações sem pesquisa posterior.

Ficha *Chenu* – Breve ensaio de um estudioso sério sobre assunto muito importante para meu trabalho. Tirei dele tudo quanto foi possível. Note-se que se tratava de um caso típico de referência a fontes de segunda mão. Anotei onde procurá-las em primeira mão. Mais que uma ficha de leitura, era um complemento bibliográfico.

Ficha *Curtius* – Livro importante, do qual só me servia um parágrafo. Tinha pressa e só li o resto por alto. Li-o depois da tese, por outros motivos.

Ficha *Marc* – Artigo interessante, que explorei a fundo.

Ficha *Segond* – Ficha de exclusão. Bastava-me saber que o trabalho não me servia para nada.

No canto superior direito aparecem as siglas. Quando pus letras minúsculas entre parênteses, isso significava que ali existiam pontos em cores. Não é preciso explicar a que se referiam as siglas e as cores, o importante é que estivessem ali.

Croce, Benedetto,   T. Gen (v)
Recensão a Nelson Sella, Estetica musicale in S.T. d'A   (v. ficha)
La critica, 1931, p. 71

Realça o cuidado e a modernidade de convicções estéticas com que Sella aborda o tema. Com relação a S.T., Croce afirma:

"[...] o fato é que suas idéias sobre o belo e a arte não são falsas, mas muito gerais, e por isso pode-se sempre, num certo sentido, aceitá-las ou adotá-las. Como as que atribuem à pulcritude ou beleza a integridade, perfeição, ou consonância, e a clareza, isto é, a nitidez das cores. Ou como essa outra, segundo a qual o belo diz respeito ao poder cognoscitivo: e mesmo a doutrina para a qual a beleza da criatura é a semelhança da beleza divina presente nas coisas. O ponto central é que os problemas estéticos não constituíam objeto de um verdadeiro interesse nem para a Idade Média em geral, nem para são Tomás em particular, cujo espírito se voltava para outros caminhos: daí estarem condenados à generalidade. E por isso os trabalhos em torno da estética de são Tomás e de três filósofos medievais são pouco frutíferos e tediosos, quando não são (em geral não são) tratados com a discrição e a elegância com que Sella escreveu o seu".

[A refutação dessa tese pode servir-me como tema introdutório. As palavras conclusivas como hipoteca.]

Biondolillo, Francesco   Hist. Gen. (v)
"L'estetica e il gusto nel Medioevo", cap. II da
Breve storia del gusto e del pensiero estetico, Messina, Principato, 1924, pág. 29.

Biondolillo ou o gentilismo míope
Passamos por cima da introdução, vulgarização para almas jovens do verbo gentiliano.
Vejamos o capítulo sobre a Idade Média: S.T. é liquidado em dezoito linhas. "Na Idade
Média, com o predomínio da teologia, da qual a filosofia foi considerada serva... o
problema artístico perdeu a importância a que tinha ascendido especialmente por obra
de Aristóteles e de Plotino." [Carência cultural ou má-fé? Culpa sua ou da escola?]
Continuemos: "Isto é, estamos com o Dante da idade madura que, no Convivio (II, 1),
atribuía à arte pelo menos quatro significados [expõe a teoria dos quatro sentidos,
ignorando que Beda já a repetia; não sabe mesmo nada]... E Dante e outros acreditaram
que esse significado quádruplo existia na Divina C., a qual, pelo contrário, só tem
valor artístico apenas quando, e só enquanto, é expressão pura e desinteressada de
um mundo interior próprio, e Dante se abandona por inteiro em sua visão."
[Pobre ltália! E pobre Dante, toda uma vida esforçando-se na busca de suprassentidos
e para ao final esse sujeito afirmar que não estavam lá: a ser citado como teratologia
historiográfica.]

Glunz, H.H.   T. Gen. Lett. (r, b)

Die Literarästhetik des europäischen Mittelalters

Bochum – Langendreer, Poppinghaus, 1937, p. 608

A sensibilidade estética existia na Idade Média e é à sua luz que devem ser vistas as obras dos poetas medievais. O centro da pesquisa é a consciência de que o poeta podia ter então sua própria arte.

Vislumbra-se uma evolução do gosto medieval;

séc. VII e VIII   –   as doutrinas cristãs são reduzidas às formas vazias da classicidade.

sec. IX e X   – as fábulas antigas são utilizadas na perspectiva da ética cristã.

séc. XI e seg. – aparece o ethos cristão propriamente dito (obras litúrgicas, vidas de santos, paráfrases da Bíblia, predomínio do além).

séc. XII   – o neoplatonismo leva a uma visão mais humana do mundo: tudo a seu modo reflete Deus (amor, profissão, natureza).
                 Desenvolve-se a corrente alegórica (de Alcuíno aos vitorinos e outros).

séc. XIV   – Embora ainda a serviço de Deus, a poesia moral torna-se estética. Tal como Deus se exprime na criação, assim o poeta se exprime a si mesmo e a seus pensamentos, sentimentos (Inglaterra, Dante, etc.)

O livro é criticado por De Bruyne em Re. néosc. de phil., 1938: diz que dividir a evolução em épocas não é muito seguro porque as diversas correntes estão sempre simultaneamente presentes [é a sua tese dos Etudes: suspeitar dessa carência de

Glunz 2

senso histórico; ele confia muito na Philosophia Perennis!]. A civilização artística medieval é polifônica.

De Bruyne critica Glunz porque não se detê no prazer formal da poesia: os medievais tinham a esse respeito um sentido muito vivo; basta pensar nas artes poéticas. Ademais, uma estética literária fazia parte de uma visão estética mais geral que Glunz negligenciaria, estética em que convergiam a teoria das proporções, a estética qualitativa agostiniana (modus, species, ordo) e a dionisiana (claritas, lux). Tudo sustentado pela psicologia dos vitorinos pela visão cristã do universo.

Maritain, Jacques   T. Simb. (v)
"Signe et symbole"
Revue Thomiste, abril 1938, p. 299

Na expectativa de uma pesquisa profunda sobre o tema (da Idade Média até hoje),
propõe-se chegar a uma teoria filosófica do signo e a reflexões sobre o signo mágico.
[Insuportável como sempre: moderniza sem fazer filologia; não se refere, por exemplo,
a são Tomás, mas a João de são Tomás!]
Desenvolve a teoria deste último (ver minha ficha): "Signum est id quod repraesentat
aliud a se potentiae cognoscenti" (Lóg. II, P, 21, 1).
"(Signum) essentialiter consistit in ordine ad signatum".
Mas o signo não é sempre a imagem e vice-versa (o Filho é a imagem e não signo do
Pai, o grito é o signo e não imagem da dor). João de S. Tomás acrescenta:
"Ratio ergo imaginis consistit in hoc quod procedat ab alio ut a principio, et in
similitudinem ejus, ut docet S. Thomas, I, 35 e XCXIII (???)".
Diz então Maritain que o símbolo é um signo-imagem: "quelque chose de sensible
signifiant un objet en raison d'une rélation presupposée d'analogie" (303).
Isto deu-me a idéia de consultar ST, De Ver. VIII, 5 e C.G. III, 49.
Maritain desenvolve ainda idéias sobre o signo formal, instrumental, prático, etc.,
e sobre o signo como ato de magia (parte documentadíssima).
Quase não se refere à arte [mas já se encontram aqui alguns acenos às raízes
inconscientes e profundas da arte que depois encontraremos em Creative Intuition].
Para uma interpretação tomista é interessante o seguinte: "... dans l'oeuvre d'art

Quadro 10: (*Continuação*)

| Maritain 2 | se rencontrent le signe spéculatif (l'oeuvre manifeste autre chose qu'elle) et le signe poétique (elle communique un ordre, un appel); non qu'elle soit formellement signe pratique, mais c'est un signe spéculatif qui par surabondance est virtuellement pratique: et elle-même, sans le vouloir, et à condition de ne pas le vouloir, est aussi une sorte de signe magique (elle séduit, elle ensorcelle)" (329). |

Chenu, M.D.   T. Im-fant. (s)

"Imaginatio – Note de lexiccographie philosophique"

<u>Micellanea Mercati</u>, Vaticano, 1946; p. 593

Vários sentidos do termo. Antes de tudo o agostiniano:

"Im. est vis animae, quae per figuram corporearum rerum absente corpore sine exteriori sensu dignoscit" (cap. 38 do <u>De spiritu et anima</u> atribuível em parte a lsacco di Stella, e uma parte a Ugo di San Vittore e outros).

No <u>De unione corporis et spiritus</u> de Ugo (PL, 227, 285) fala-se da sublimação de um lado sensível num dado inteligível que realiza a <u>imaginatio</u>. Nesta perspectiva mística, a iluminação do espírito e o encadeamento dinâmico das forças são chamados <u>formatio</u>. A <u>imaginatio</u> nesse processo de <u>formatio</u> mística aparece também em Bonaventura (<u>Itinerarium</u>): sensus, im. (= sensualitas), ratio, intellectus, intelligentia, apex mentis. A im. intervém na feitura do inteligível, objeto do intellectus, ao passo que a <u>intelligentia</u> completamente purificada de ligações sensíveis engloba o <u>intelectibile</u>.

A mesma distinção adota Boécio. O <u>intelligibile</u> é o mundo sensível, enquanto o <u>intellectibile</u> é Deus, as idéias, a <u>hyle</u>, os primeiros princípios.

Ver <u>Comm. in Isaq. Porph</u>. (I, 3). Ugo di San Vittore no <u>Didasc</u>. retoma esta posição. Gilbert de la Porrée recorda que <u>imaginatio</u> e <u>intellectus</u> são chamados <u>opinio</u> por muitos: assim faz Guilherme de Conches. <u>A imago é forma</u>, mas imersa na matéria, não forma pura.

Vejamos agora S. Tomás!

Chenu 2

Para ele, de acordo com os árabes (De ver., 14, 1), a imago é apprehensio quidditatis simplicis, quae alio etiam nomine formatio dicitur (in I Sent., 19, 5, 1 ad 7). [Mas então é a simplex apprehensio!!!] Imaginatio traduz o árabe tasawor, derivado de surat (imagem): quer dizer também forma, do verbo sawara (formar, modelar) e também descrever e conceber. [Muito importante, a retomar!!].

A νόηις de Aristóteles torna-se formatio: formar em si mesmo uma representação da coisa.

Pelo que em ST (I Sent., 8.1,9): "Primo quod cadit in imaginatione intellectus est ens".

Aristóteles com o De anima introduz a famosa definição de fantasia. Mas para os medievais fantasia significava sensus communis e imaginatio era a virtus cogitativa. Só Gundisalvi tenta dizer: "sensus communis = virtus imaginativa = fantasia". [Que confusão! Verificar tudo.]

Curtius, Ernst Robert   Th. Gen.
<u>Europäische   Literatur und lateinischer Mittelalter</u>, Bern, Franle, 1948 em
particular C.12, par. 3

Grande Livro. Só me serve por enquanto a pág. 228.
Pretende demonstrar que um conceito de poesia em toda a sua dignidade, capacidade
reveladora e aprofundamento da verdade, foi ignorado pelos escolásticos, mas
permaneceu vivo em Dante e nos poetas do século XIV [Nisso tem razão].
Em Alberto Magno, por exemplo, o método científico (modus definitionis, divisivus,
collectivus) se opõe ao método poético da Bíblia (histórias, parábolas, metáforas).
O <u>modus poeticus</u> como o mais débil entre os modos filosóficos.
[Há algo do gênero em ST, pesquisar!!!]
De fato, Curtius remete a ST (I,1,9 ad 1) e à distinção da poesia como <u>infima</u>
<u>doctrina</u>! (ver ficha). A escolástìca, em suma, jamais se interessou pela poesia e
jamais produziu nenhuma poética [isto é verdade para a escolástica, mas não para
a Idade Média] e nenhuma teoria da arte [não é verdade]. Preocupar-nos em extrair
daí uma estética da literatura e das artes plásticas não tem, por isso, qualquer
sentido e nem objetivo.
A condenação vem no número 1 da pág. 229: "O homem moderno superestima a arte porque
perdeu o sentido da beleza inteligível que o neoplatonismo e a Idade Média tinham bem
claro. <u>Sero te amavi</u>, <u>Pulchritudo tam antique et tam nova</u>, diz Santo Agostinho a
Deus (<u>Conf.</u> X, 27, 38). Aqui se fala de uma beleza que a estética desconhece por
inteiro [mas e o problema da <u>participação</u> do Belo divino nos seres?]. Quando a

Curtius 2

---

escolástica fala da Beleza, esta é pensada como atributo de Deus. "A metafísica do Belo (ver Plotino) e a teoria da arte nada têm a ver uma com a outra" [é verdade, mas se encontram no terreno neutro de uma teoria da forma!]

[Atenção, este autor não é como Biondolillo! Ignora alguns textos filosóficos de ligação, mas sabe das coisas. A refutar com respeito.]

Marc, A.   T. Tom. Gen. Transc.
(v)
"La Méthode d'opposition en onthologie"
Revue Néoscolastique, I, 1931, p. 149

Artigo teórico, mas com boas sugestões.
O sistema tomista move-se num jogo de oposições que lhe dá vida.
Da idéia primitiva de ser (onde o espírito e o real se encontram num ato cognoscitivo
que capta aquela realidade primeira que os supera a ambos), aos transcendentais vistos
em mútua oposição: identidade e diversidade, unidade e multiplicidade, contingência
e necessidade, ser e não ser tornam-se Unidade. O ser em relação à inteligência como
experiência interior é Verdade, em relação à verdade como appetibilità é Bondade:
"une notion synthétique concilie en elle ces divers aspects et révèle l'étre rélatif
à la fois à l'intelligence et à la volonté, intérieur et extérieur à l'esprit: c'est
le Beau. À la simple connaissance il ajoute la complaisance et la joie, tout comme
il ajoute au bien la connaissance: il est la bonté du vrai, la vérité du bien; la
splendeur de tous les transcendentaux reunis" – citação de Maritain (154).
A demonstração continua com esta linha de desenvolvimento:
Ser: 1) Transcendentais
     2) Analogia como composição da multiplicidade na unidade
        Ato e potência   [aqui, aproxima-se muito de Grenet, ou vice-versa]
        Ser e essência

Marc 2

3) As categorias: o ser na medida em que o afirmamos é – e afirmamo-lo
                   na medida em que é substância: caracterização etc.
                 A relação
Pela oposição e pela composição de todos os contrários chega-se à unidade.
O que era escândalo para o pensamento acaba por conduzi-lo ao sistema.

[a ser utilizado para algumas idéias sobre os transcendentais.
Ver também as idéias sobre a alegria e a complacência para o capítulo sobre visão
estética pela qual pulchra dicuntur quae visa placent].

Segond, Joseph   Th. Lux, Clarid.

(g)

"Esthétique de la lumière et de l'ombre"

Revue Thomiste, 4, 1939, p. 743

Estudo sobre a luz e a sombra, entendidas, porém, em sentido físico.
Sem referências à doutrina tomista.
Nenhum interesse para mim.

4.2.4. A humildade científica

Não se deixe impressionar pelo título deste parágrafo. Não se trata de uma discussão ética, mas de métodos de leitura e fichamento.

Viu-se, nos exemplos de fichas que forneci, um no qual, pesquisador jovem, embirrei com um autor e dei cabo dele em poucas linhas. Ainda hoje estou convencido de que tinha razão e, em todo caso, minha atitude se justificava porque ele próprio, em dezoito linhas, liquidara um assunto tão importante. Mas era um caso-limite. Como quer que seja, fichei-o e levei em conta sua opinião, não só porque é preciso registrar todas as opiniões expressas sobre o nosso tema, mas porque *nem sempre as melhores ideias nos vêm dos autores maiores.* E agora vou contar a história do abade Vallet.

Para entendê-la bem, cumpre dizer-lhes qual era o problema de minha tese e o escolho interpretativo com que me via às voltas há cerca de um ano. Como o problema não interessa a todos, digamos sucintamente que, para a estética contemporânea, o momento da percepção do belo é, em geral, intuitivo, mas em são Tomás não existe a categoria da intuição. Vários intérpretes modernos se esforçaram por demonstrar que ele, de algum modo, falara de intuição, o que era deturpá-lo. Por outro lado, o momento da percepção dos objetos era, em são Tomás, tão rápido e instantâneo que não explicava a fruição das complexas qualidades estéticas, jogos de proporções, relações entre a essência da coisa e o modo pelo qual ela organiza a matéria etc. A solução estava (e cheguei a ela um mês antes de terminar a tese) em descobrir que a contemplação estética se inseria no ato, bem mais complexo, do *juízo*. Mas são Tomás não dizia isso claramente. No entanto, pela maneira como falava da contemplação estética, não se podia tirar outra conclusão. Ora, o objetivo de uma pesquisa interpretativa é frequentemente este: levar um autor a dizer explicitamente aquilo que não dissera, mas que não deixaria de dizer se alguém lho perguntasse. Em outras palavras: mostrar como, confrontando várias afirmações, deve emanar aquela resposta nos termos do pensamento estudado. O autor talvez não o tenha dito por parecer-lhe demasiado óbvio ou porque – como no caso de são Tomás – jamais tratara organicamente o problema estético, falando dele como incidente e dando o ponto por pacífico.

Tinha, pois, um problema. E nenhum dos autores que eu lia

vinha em meu socorro (e, no entanto, se havia algo de original em minha tese, era precisamente aquela pergunta, cuja resposta devia vir de fora). Enquanto me azafamava, desconsolado, a procurar textos que me ajudassem, sucedeu-me encontrar num alfarrabista de Paris um pequeno livro que, de início, me atraiu pela bela encadernação. Abro-o e vejo que se trata da obra de um certo abade Vallet, *L'Idée du Beau dans la philosophie de Saint Thomas d'Aquin* (Louvain, 1887). Não o encontrara em nenhuma bibliografia. Era obra de um autor menor do século XIX. Naturalmente o comprei (não custava caro) e pus-me a lê-lo; verifico que o abade Vallet era um pobre diabo, que se limitava a repetir ideias recebidas, não descobrindo nada de novo. Se continuei a lê-lo, não foi por "humildade científica" (não a conhecia ainda, só a aprendi ao ler aquele livro; o abade Vallet foi o meu grande mestre), mas por pura obstinação e para justificar o dinheiro gasto. A certa altura, quase entre parênteses e como que por desatenção, sem que o bom abade se desse conta do alcance do que dizia, me deparo com uma alusão à teoria do juízo em conexão com a da beleza! Eureca! Encontrara a solução! E quem a dera fora o pobre abade Vallet; morto havia já cem anos, ignorado de todos, mas que ainda assim tinha algo a ensinar a quem se dispusesse a ouvi-lo.

É isso a humildade científica. Todos podem ensinar-nos alguma coisa. Ou talvez sejamos nós os esforçados quando aprendemos algo de alguém não tão esforçado como nós. Ou, então, quem parece não valer grande coisa tem qualidades ocultas. Ou, ainda, quem não é bom para este o é para aquele. As razões são muitas. O fato é que precisamos ouvir com respeito a todos, sem por isso deixar de exprimir juízos de valor ou saber que aquele autor pensa de modo diferente do nosso e está ideologicamente distante de nós. Até nosso mais feroz adversário pode sugerir-nos ideias. Isso pode depender do tempo, da estação ou da hora. Talvez, se eu tivesse lido o abade Vallet um ano antes, não aproveitaria sua sugestão. E quem sabe quantos, mais hábeis que eu, já o tinham lido sem nada encontrar de interessante? Mas com esse episódio aprendi que, quando queremos fazer uma pesquisa, não podemos desprezar nenhuma fonte, e isso por princípio. Aí está o que chamo de humildade científica. Talvez seja uma definição hipócrita, na medida em que acoberta muito orgulho, mas não é hora de colocarmos problemas morais: seja orgulho ou humildade, pratiquem-na.

5. A Redação

5.1. A QUEM NOS DIRIGIMOS

A quem nos dirigimos ao escrever uma tese? Ao orientador? A todos os estudantes ou estudiosos que terão oportunidade de consultá-la depois? Ao vasto público dos não especializados? Devemos imaginá-la como um livro que estará nas mãos de milhares de leitores, ou como uma comunicação erudita a uma academia científica?

São problemas importantes na medida em que dizem respeito, antes de tudo, à forma expositiva a dar ao trabalho, mas também ao nível de clareza interna que se pretende obter.

Eliminemos desde já um equívoco. Há quem pense que um texto de divulgação, no qual as coisas são explicadas de modo a que todos compreendam, requer menos habilidade do que uma comunicação científica especializada, às vezes expressa por fórmulas apenas acessíveis a uns poucos iniciados. Isso de modo nenhum é verdade. Certo, a descoberta da equação de Einstein, $e=mc^2$, exigiu muito mais engenho do que qualquer brilhante manual de física. Mas, em geral, os textos que não explicam com grande familiaridade os termos que empregam deixam a suspeita de que seus autores são muito mais inseguros do que aqueles que explicitam cada referência e cada passagem. Se você ler os

138

grandes cientistas ou os grandes críticos, verá que, com raríssimas exceções, eles são sempre claros e não se envergonham de explicar bem as coisas.

Digamos, então, que uma tese é um trabalho que, por motivos ocasionais, se dirige ao orientador, mas presume-se que possa ser lida e consultada, de fato, por muitos outros, mesmo estudiosos não versados diretamente naquela disciplina.

Assim, numa tese de filosofia, não será preciso começar explicando o que é filosofia, nem, numa de vulcanologia, ensinar o que são vulcões. Mas, imediatamente abaixo desse nível óbvio, será sempre conveniente fornecer ao leitor todas as informações de que ele precisa.

De início, *definem-se os termos usados,* a menos que se trate de termos consagrados e indiscutíveis pela disciplina em causa. Numa tese de lógica formal, não precisarei definir um termo como "implicação" (mas numa tese sobre a implicação estrita de Lewis, terei de definir a diferença entre implicação material e implicação estrita). Numa tese de linguística não terei de definir a noção de fonema (mas devo fazê-lo se o assunto da tese for a definição de fonema em Jakobson). Porém, nessa mesma tese de linguística, se empregar a palavra "signo", será conveniente defini-la, pois dá-se o caso de que o termo se refere a coisas diversas em autores diversos. Portanto, teremos como regra geral: *definir todos os termos técnicos usados como categorias-chave em nosso discurso.*

Em segundo lugar, não é necessário partir do princípio de que o leitor tenha feito o mesmo trabalho que nós. Se nossa tese versar sobre Cavour, é possível que ele saiba de quem se trata, mas se versar sobre Felice Cavallotti convém recordar, embora sobriamente, quando esse autor viveu, quando nasceu e como morreu. Enquanto escrevo, tenho sob os olhos duas teses de uma faculdade de letras, uma sobre Giovan Battista Andreini e outra sobre Pierre Rémond de Sainte-Albine. Posso jurar que, arrebanhando cem professores universitários, todos até de letras e filosofia, só uma pequena fração deles conhecerá algo sobre esses dois autores menores. Ora, a primeira tese começa (mal) com:

A história dos estudos sobre Giovan Battista Andreini começa com uma lista de suas obras elaborada por Leone Allacci, teólogo e erudito de origem grega (Quios, 1586-Roma, 1669) que contribui para a história do teatro... etc.

A REDAÇÃO 139

É desapontador para qualquer pessoa ser informada com tamanha precisão sobre Allacci, que estudou Andreini, e não sobre o próprio Andreini. Mas – dirá o autor – Andreini é o herói de minha tese! Justamente, se é o seu herói, a primeira coisa a fazer é torná-lo familiar a quem quer que vá ler sua tese; não basta que o orientador o conheça. Você não está escrevendo uma carta pessoal ao orientador, mas um livro potencialmente endereçado a toda a humanidade.

A segunda tese, com mais propriedade, principia assim:

O objeto de nosso estudo é um texto publicado na França, em 1747, escrito por um autor que não deixou muitos outros traços de sua existência, Pierre Rémond de Sainte-Albine...

após o que se começa a explicar de que texto se trata e qual a sua importância. Parece-me um começo correto. Sei que Sainte-Albine viveu no século XVIII e que, se tenho pouquíssimas ideias a seu respeito, isso se justifica pelo fato de haver deixado poucos traços de sua vida.

5.2. COMO SE FALA

Uma vez decidido *a quem* se escreve (à humanidade, não ao orientador), cumpre resolver *como* se escreve. Problema difícil: se houvesse a respeito regras cabais, seríamos todos escritores de proa. Pode-se recomendar escrever a tese várias vezes, ou escrever outras coisas antes de atacá-la, pois escrever é também questão de treino. De qualquer forma, é possível dar alguns conselhos muito gerais.

Não imite Proust. Nada de períodos longos. Se ocorrerem, registre-os, mas depois desmembre-os. Não receie repetir duas vezes o sujeito. Elimine o excesso de pronomes e subordinadas. Não escreva:

O pianista Wittgenstein, que era irmão do famoso filósofo que escreveu o *Tractatus Logico-Philosophicus,* que muitos consideram hoje a obra-prima da filosofia contemporânea, teve a sorte de ver escrito especialmente para ele, por Ravel, o concerto para mão esquerda, uma vez que perdera a direita na guerra.

mas:

O pianista Wittgenstein era irmão do filósofo Ludwig. Tendo perdido a mão direita, Ravel escreveu para ele o concerto para mão esquerda.

ou:

O pianista Wittgenstein era irmão do filósofo autor do célebre *Tractatus*. Perdera a mão direita e, por isso, Ravel lhe escreveu um concerto para mão esquerda.

Não escreva:

O escritor irlandês havia renunciado à família, à pátria e à igreja e confiava em seu propósito. Daí não se pode concluir que fosse um escritor engajado, embora alguns lhe descubram propensões fabianas e "socialistas". Ao eclodir a Segunda Guerra Mundial, tende a ignorar deliberadamente o drama que sacode a Europa e preocupa-se unicamente com a redação de sua última obra.

Mas:

Joyce tinha renunciado à família, à pátria e à igreja. E manteve-se fiel ao desígnio. Não se pode dizer que Joyce fosse um escritor "engajado", embora haja quem tenha falado de um Joyce fabiano e "socialista". Quando eclode a Segunda Guerra Mundial, Joyce tende a ignorar deliberadamente o drama que convulsiona a Europa, preocupando-se unicamente com a redação do *Finnegans Wake*.

Por favor, não escreva, ainda que pareça mais "literário":

Quando Stockhausen fala de "grupos", não tem em mente a série de Schoenberg, tampouco a de Webern. O músico alemão, frente à exigência de não repetir nenhuma das doze notas antes da série terminar, não a aceitaria. É a noção mesma de "cluster" que é mais isenta estruturalmente que a de série.

Por outro lado, Webern também não seguia os rígidos princípios do autor do *Sobrevivente de Varsóvia*.

Ora, o autor de *Mantra* vai mais além. Quanto ao primeiro, cabe distinguir entre as várias fases de sua obra. Também Berio afirma: não se pode considerar esse autor um serialista dogmático.

Verifica-se que, a certa altura, não se sabe mais *de quem* se fala. E definir um autor por meio de uma de suas obras não é logicamente

A REDAÇÃO 141

correto. É verdade que os críticos menores, para se referirem a Manzoni (e temendo repetirem o nome muitas vezes, o que parece ser altamente desaconselhado pelos manuais de "bem escrever") dizem "o autor dos *Promessi sposi*". Mas o autor dos *Promessi sposi* não é a personagem biográfica Manzoni em sua totalidade: tanto mais que, num certo contexto, podemos afirmar que existe uma diferença sensível entre o autor dos *Promessi sposi* e o autor de *Adelchi*, apesar de biográfica e anagraficamente falando tratar-se sempre da mesma personagem. Por isso, eis como eu escreveria o trecho supracitado:

> Quando Stockhausen fala de "grupos", não tem em mente nem a série de Schoenberg nem a de Webern. Stockhausen, frente à exigência de não repetir nenhuma das doze notas antes de a série terminar, não a aceitaria. É a noção mesma de "cluster", que é estruturalmente mais isenta do que a de série. Por outro lado, Webern também não seguia os rígidos princípios de Schoenberg. Ora, Stockhausen vai mais além. E quanto a Webern, é preciso distinguir as várias fases de sua obra. Também Berio afirma que não se pode considerar Webern um serialista dogmático.

Não pretenda ser e.e. cummings. Cummings era um poeta americano que assinava com as iniciais minúsculas. E, naturalmente, usava vírgulas e pontos com muita parcimônia, cortava os versos, em suma, fazia tudo aquilo que um poeta de vanguarda pode e deve fazer. Mas você não é um poeta de vanguarda. Nem sua tese versa sobre poesia de vanguarda. Se escrever sobre Caravaggio, pôr-se-á de súbito a pintar? Portanto, ao falar do estilo dos futuristas, evite escrever como um deles. Essa é uma recomendação importante, pois hoje em dia muita gente se mete a fazer teses "de ruptura", em que não se respeitam as regras do discurso crítico. A linguagem da tese é uma *metalinguagem,* isto é, uma linguagem que fala de outras linguagens. Um psiquiatra que descreve doentes mentais não se exprime como os doentes mentais. Não quero dizer que seja errado exprimir-se como eles: pode-se, e razoavelmente, estar convencido de que os doentes mentais são os únicos a exprimir-se como deve ser. Mas então haverá duas alternativas: ou não fazer uma tese e manifestar o desejo de ruptura, recusando os títulos universitários e começando, por exemplo, a tocar guitarra; ou fazer a tese, mas explicando por que motivo a linguagem dos doentes mentais não é uma linguagem "de loucos", e para tal precisará empregar uma metalinguagem crítica compreensível a todos.

O pseudopoeta que faz sua tese em versos é um palerma (e com certeza mau poeta). De Dante a Eliot e de Eliot a Sanguineti, os poetas de vanguarda, quando queriam falar de sua poesia, faziam-no em prosa e com clareza. Quando Marx falava dos operários, não escrevia como um operário de sua época, mas como um filósofo. Mas quando, de parceria com Engels, redigiu o *Manifesto* de 1848, empregou um estilo jornalístico, de períodos curtos, muitíssimo eficaz e provocativo. Diferente do estilo de *O Capital,* destinado a economistas e políticos. Não diga que a violência poética "brota de dentro" de você e que se sente incapaz de submeter-se às exigências da simples e banal metalinguagem da crítica. É poeta? Não se forme, Montale não se formou e nem por isso deixa de ser um grande poeta. Gadda (formado em engenharia) escrevia como escrevia, tudo regionalismos e rupturas estilísticas; porém, quando precisou elaborar um decálogo para quem redigia notícias de rádio, saiu-se com um delicioso, agudo e reto receituário em prosa clara e compreensível a todos. Quando Montale escreve um artigo crítico, procede de maneira que todos o entendam, mesmo aqueles que não entendem sua poesia.

Abra parágrafos com frequência. Quando for necessário, para arejar o texto; mas quanto mais vezes, melhor.

Escreva o que lhe vier à cabeça, mas apenas em rascunho. Depois perceberá que o ímpeto lhe arrebatou a mão e o afastou do núcleo do tema. Elimine então as partes parentéticas e as divagações, colocando-as em *nota* ou em *apêndice* (ver). A finalidade da tese é demonstrar uma hipótese que se elaborou inicialmente, e não provar que se sabe tudo.

Use o orientador como cobaia. Faça-o ler os primeiros capítulos (e depois, aos poucos, o resto) com boa antecedência antes da entrega da tese. As reações dele poderão ser de grande utilidade. Se o orientador for uma pessoa muito ocupada (ou preguiçosa), recorra a um amigo. Verifique se qualquer pessoa pode entender o que você escreveu. Não se faça de gênio solitário.

Não se obstine em iniciar no primeiro capítulo. Talvez esteja mais preparado e documentado para o quarto capítulo. Comece por aí, com a desenvoltura de quem já pôs em ordem os capítulos anteriores. Ganhará confiança. Naturalmente você conta com um ponto de apoio no índice-hipótese, que vai orientá-lo desde o começo (ver 4.1.).

A REDAÇÃO

Não use reticências ou pontos de exclamação, nem faça ironias. Pode-se falar uma linguagem absolutamente referencial ou uma linguagem *figurada*. Por linguagem referencial, entendo uma linguagem em que todas as coisas são chamadas pelo seu nome mais comum, o mais reconhecível por todos e que não se presta a equívocos. "O trem Veneza-Milão" indica de modo referencial aquilo que "a flecha da laguna" indica de modo figurado. Mas esse exemplo mostra-nos que mesmo numa comunicação "cotidiana" se pode empregar uma linguagem parcialmente figurada. Um ensaio crítico ou um texto científico deveriam, de preferência, ser escritos em linguagem referencial (com todos os termos bem definidos e unívocos), mas às vezes é útil empregar uma metáfora, uma ironia ou uma litotes. Eis um texto referencial seguido da transcrição em termos suportavelmente figurados:

Versão referencial – Krasnapolsky não é um intérprete muito perspicaz da obra de Danieli. Sua interpretação extrai do texto do autor coisas que este provavelmente não pretendia dizer. A propósito do verso "e a sera a mirar le nuvole", Ritz entende-o como uma anotação paisagística normal, enquanto Krasnapolsky vê aí uma expressão simbólica alusiva à atividade poética. Não devemos confiar na agudeza crítica de Ritz, mas de igual modo devemos desconfiar de Krasnapolsky. Hilton observa que "se Ritz parece um folheto turístico, Krasnapolsky lembra um sermão da quaresma". E acrescenta: "Na verdade, dois críticos perfeitos".

Versão figurada – Não estamos convencidos de que Krasnapolsky seja o mais perspicaz dos intérpretes de Danieli. Ao ler o seu autor, dá a impressão de forçar-lhe a mão. A propósito do verso "e a sera mirar le nuvole", Ritz entende-o como uma anotação paisagística normal, enquanto Krasnapolsky carrega na tecla do simbólico e vê aí uma alusão à atividade poética. Não é que Ritz seja um prodígio de penetração crítica, mas Krasnapolsky também não é brilhante! Como observa Hilton, se Ritz parece um folheto turístico, Krasnapolsky lembra um sermão da quaresma: dois modelos de perfeição crítica.

Vimos que a versão figurada utiliza vários artifícios retóricos. Antes de tudo a *litotes*: dizer que não estamos convencidos de que fulano seja um intérprete perspicaz significa dizer que estamos convencido que ele *não* é um intérprete perspicaz. A seguir, vêm as *metáforas*: forçar a mão, carregar na tecla do simbólico. Ou, ainda, dizer que Ritz não é um prodígio de penetração significa que é um modesto intérprete (*litotes*). A referência ao folheto

144

turístico e ao sermão da quaresma são duas *símiles,* ao passo que a observação sobre serem os dois autores críticos perfeitos é um exemplo de *ironia*: diz-se uma coisa para significar o seu contrário.

Ora, as figuras de retórica ou se usam ou não se usam. Se usadas é porque se presume esteja o leitor à altura de compreendê-las e porque se supõe que com elas o assunto pareça mais incisivo e convincente. Daí não ser preciso envergonhar-se ou explicar tais figuras. Ao se considerar que o leitor é um idiota, não se recorre às figuras de retórica, pois utilizá-las, explicando-as, equivale a fazer o leitor de idiota. E este se vingará chamando de idiota o autor. Aqui está como um estudante tímido tentaria neutralizar e desculpar as figuras que emprega:

Versão figurada com reserva – Não estamos convencidos de que Krasnapolsky seja o mais perspicaz dos intérpretes de Danieli. Ao ler o seu autor, ele dá a impressão de… forçar-lhe a mão. A propósito do verso "e a sera mirar le nuvole", Ritz entende-o como uma anotação "paisagística" normal, enquanto Krasnapolsky carrega na… tecla do simbólico e vê aí uma alusão à atividade poética. Não é que Ritz seja um… prodígio de interpretação crítica, mas Krasnapolsky também não é… brilhante! Como observa Hilton, se Ritz parece um… folheto turístico, Krasnapolsky lembra um… sermão da quaresma, e define-os (mas ironicamente!) como dois modelos de perfeição crítica. Ora, gracejos à parte, a verdade é que… etc.

Não creio que alguém seja tão intelectualmente pequeno-burguês a ponto de elaborar um trecho de tal modo cheio de hesitações e de sorrisos de desculpas. Exagerei (e desta vez *digo-o* porque didaticamente é importante que a paródia seja entendida como tal). No entanto, esse terceiro trecho contém, de forma condensada, muitos vezos feios do escritor diletante. Antes de mais nada, a utilização de *reticências* para advertir "atenção que agora vem chumbo grosso!" Puerilidade. As reticências, como veremos, só se empregam no corpo de uma citação para assinalar os trechos omitidos e, *no máximo,* no final de um período para indicar que nem tudo terminou, que ainda haveria algo a dizer. Em segundo lugar, o uso do *ponto de exclamação* para enfatizar uma assertiva. Pega mal, pelo menos num ensaio crítico. Se se der ao trabalho de pesquisar o presente livro, verá que só uma ou duas vezes empreguei um ponto de exclamação. Uma ou duas vezes é lícito, quando se trata de fazer o leitor pular da cadeira ou de sublinhar uma afirmação vigorosa do tipo: "Atenção, nunca cometam este erro!", mas é melhor falar em voz baixa. Se disser coisas importantes, conseguirá maior efeito. Em terceiro lugar, o autor do último trecho desculpa-se por usar a ironia (mesmo de outro). Certo, se lhe parecer que a ironia de Hilton é demasiado sutil, poderá escrever: "Hilton afirma, com sutil ironia, que estamos perante dois críticos perfeitos". Mas a ironia tem que ser *verdadeiramente* sutil. No caso em questão, depois de Hilton falar em folheto turístico e sermão da quaresma, a ironia era, por demais, evidente e não valia a pena explicá-la com todas as letras. O mesmo vale para o "gracejos à parte". Por vezes, isso pode ser útil para mudar bruscamente o tom do discurso, mas é necessário ter-se, de fato, gracejado. No caso, o que se fez foi ironizar e metaforizar, e isso não são gracejos, mas artifícios retóricos seríssimos.

Poderão observar-me que neste livro expressei pelo menos duas vezes um paradoxo, e a seguir adverti que se tratava de paradoxos. Mas não o fiz por julgar que não o haviam entendido. Fi-lo, ao contrário, por temer que houvessem entendido demais e, daí, deduzissem que não deviam levar em conta esses paradoxos. O que fiz foi insistir em que, malgrado a forma paradoxal, minha afirmação encerrava uma verdade importante. Esclareci bem as coisas porque este é um livro didático, no qual, mais que a beleza do estilo, me importa que todos entendam o que quero dizer. Caso tivesse escrito um ensaio, enunciaria o paradoxo sem denunciá-lo logo em seguida.

Defina sempre um termo ao introduzi-lo pela primeira vez. Não sabendo defini-lo, evite-o. Se for um dos termos principais de sua tese e não conseguir defini-lo, abandone tudo. Enganou-se de tese (ou de profissão).

Não comece a explicar onde fica Roma para depois não explicar onde fica Timbuctu. Dá-nos calafrios ler teses com frases do tipo: "O filósofo panteísta judeu-holandês Spinoza foi definido por Guzzo…" Alto lá! Ou você está fazendo uma tese sobre Spinoza e então o leitor sabe quem é Spinoza e que Augusto Guzzo escreveu um livro sobre ele, ou está citando por acaso essa afirmação numa tese sobre física nuclear e então não deve presumir que o leitor ignore quem é Spinoza, mas saiba quem é Guzzo. Ou, ainda, trata-se de uma tese sobre a filosofia pós-gentiliana na Itália e todos saberão quem é Guzzo, mas a essa altura também quem é Spinoza. Não diga, nem mesmo numa tese de história: "T.S. Eliot, poeta inglês" (à parte o fato de ter nascido nos Estados Unidos). Parte-se do princípio de que Eliot é universalmente conhecido. Quando muito, se quiser sublinhar que foi mesmo um poeta inglês e dizer determinada coisa, é melhor escrever: "Foi um poeta inglês, Eliot, quem disse que…" Mas, se a tese for sobre Eliot, tenha a humildade de fornecer todos os dados, se não no texto, pelo menos numa nota logo no início: em dez linhas condensará, com precisão e honestidade, os dados biográficos necessários. Não se deve exigir do leitor, ainda que especializado, que se lembre de quando Eliot nasceu. Isso vale ainda mais para autores menores de um século passado. Não presuma que todos saibam de quem se trata. Diga logo quem era, sua posição etc. Mas, ainda que fosse Molière, que custa alinhavar uma nota com duas datas? Nunca se sabe.

Eu ou nós? Deve-se, na tese, introduzir as opiniões próprias na primeira pessoa? Deve-se dizer "penso que…"? Alguns acham isso mais honesto do que apelar para o *noi majestatis*. Não concordo. Dizemos "nós" por presumir que o que afirmamos possa ser compartilhado pelos leitores. Escrever é um ato social: escrevo para que o leitor aceite aquilo que lhe proponho. Quando muito, deve-se procurar evitar o pronome pessoal recorrendo a expressões mais impessoais, como "cabe, pois, concluir que", "parece acertado que", "dever-se-ia dizer", "é lícito supor", "conclui-se daí que", "ao exame desse texto percebe-se que" etc. Não é necessário dizer "o artigo que citei anteriormente", ou "o artigo que citamos anteriormente", basta dizer "o artigo anteriormente citado". Entretanto, é válido escrever "o artigo anteriormente citado *nos* demonstra que", pois expressões assim não implicam nenhuma personalização do discurso científico.

Nunca use artigo diante de nome próprio. Não existe justificativa para dizer "o Manzoni", "o Dante" ou "o Stendhal". De qualquer forma, soa um pouco antiquado. Imagine um jornal escrevendo "o Berlinguer" e "o Leone", a menos que esteja ironizando? Não vejo porque não escrever "como diz De Sanctis…"

Duas exceções: quando o nome próprio indica um manual célebre, uma obra de consulta ou um dicionário ("segundo o Aulete") e quando, numa resenha crítica, citam-se os estudiosos menores ou pouco conhecidos ("comentam, a esse propósito, o Caprazzoppa e o Bellotti-Bon"), mas até isso faz sorrir e lembra as falsas citações

A REDAÇÃO 147

de Giovanni Mosca; melhor seria dizer: "como comenta Romualdo Caprazzoppa", dando em nota a referência bibliográfica.

Não aportuguese jamais os nomes próprios estrangeiros. Há quem diga "João Paulo Sartre" ou "Ludovico Wittgenstein", o que é ridículo. Imagine-se um jornal que escrevesse "Henrique Kissinger" ou "Valério Giscard d'Estaing". Gostaria que um livro italiano escrevesse "Giuseppe de Alencar"? No entanto, alguns livros de filosofia referem "Bento Espinosa" em vez de "Baruch Spinoza". Os israelenses deveriam escrever "Baruch Croce"? Naturalmente, caso se escreva Abelardo em vez de Abélard, deverá usar também Pedro em vez de Pierre. São permitidas exceções, a principal delas é a que se refere aos nomes gregos e latinos, como Platão, Virgílio, Horácio.

Só se deve aportuguesar os sobrenomes estrangeiros em caso de tradição consagrada. Admite-se Lutero, Confúcio, Tomás de Aquino, num contexto normal. Pode-se dizer Maomé, a menos que se trate de uma tese em filosofia árabe. Se, porém, se aportuguesar o sobrenome, deve-se também aportuguesar o nome: Tomás Morus. Mas numa tese específica dever-se-á usar Thomas Moore.

5.3. AS CITAÇÕES

5.3.1. *Quando e como citar: dez regras*

Em geral, citam-se muitos textos alheios numa tese: o texto objeto do trabalho, ou a fonte primária, e a literatura crítica sobre o assunto, ou as fontes secundárias.

Portanto, as citações são praticamente de dois tipos: (a) cita-se um texto a ser depois interpretado; e (b) cita-se um texto em apoio à nossa interpretação.

É difícil dizer se devemos citar com profusão ou com parcimônia. Depende do tipo de tese. Uma análise crítica de um escritor requer, obviamente, que se transcrevam e analisem longos trechos de sua obra. Outras vezes, a citação pode ser uma manifestação de preguiça: o candidato não quer ou não é capaz de resumir uma determinada série de dados e deixa a tarefa aos cuidados de outrem.

Vejamos, pois, dez regras para a citação:

Regra 1 – Os textos-objeto de análise interpretativa são citados com razoável amplitude.

Regra 2 – Os textos da literatura crítica só são citados quando, com sua autoridade, corroboram ou confirmam afirmação nossa.

Essas duas regras implicam alguns corolários óbvios. Antes de tudo, se o trecho a analisar ultrapassa meia página, é sinal de que algo não vai bem: ou tomou-se uma unidade de análise muito grande e, portanto, não podemos comentá-la ponto por ponto, ou não estamos falando de um trecho, mas de um texto inteiro e então, mais do que uma análise, estamos fazendo um juízo global. Nesses casos, se o texto for importante, mas muito longo, é melhor transcrevê-lo por extenso *em apêndice* e citar ao longo dos capítulos apenas breves períodos.

Em segundo lugar, ao citar a literatura crítica, deve-se estar seguro de que a citação diga algo de novo ou confirme o que fora dito *com autoridade*. Vejamos, por exemplo, duas citações *inúteis*:

> As comunicações de massa constituem, como diz McLuhan, "um dos fenômenos centrais do nosso tempo". Recorde-se que, somente na Itália, segundo Savoy, dois indivíduos em cada três passam um terço do dia em frente do televisor.

O que há de errado ou de ingênuo nessas duas citações? Em primeiro lugar, que as comunicações de massa sejam um fenômeno central do nosso tempo é algo tão óbvio que qualquer um poderia tê-lo dito. Não se exclui que também McLuhan o tenha dito (não averiguei, inventei a citação), mas não é preciso apoiar-se na autoridade de quem quer que seja para demonstrar coisa tão evidente. Em segundo lugar, é possível que o dado que referimos seguidamente sobre a audiência de televisão seja exato, mas Savoy não é uma *autoridade* (é um nome que inventei, um equivalente a fulano). Dever-se-ia, em vez disso, ter citado uma pesquisa sociológica assinada por estudiosos renomados e insuspeitos, dados por órgãos oficiais de estatística, resultados de uma pesquisa que você mesmo fez, fornecidos em quadros anexos. Em vez de citar um Savoy qualquer, seria preferível ter dito "facilmente se presume que duas pessoas em cada três etc."

Regra 3 – A citação pressupõe que a ideia do autor citado seja compartilhada, a menos que o trecho seja precedido e seguido de expressões críticas.

Regra 4 – De todas as citações devem ser claramente reconhecíveis o autor e a fonte impressa ou manuscrita. Esse reconhecimento pode dar-se de várias maneiras:

A REDAÇÃO

a) com chamada e referência em nota, principalmente quando se trata de autor mencionado pela primeira vez;

b) com o nome do autor e a data de publicação da obra entre parênteses, após a citação (ver 5.4.3.);

c) com simples parênteses, em que se menciona o número da página quando o capítulo ou toda a tese tratam da mesma obra do mesmo autor. Veja-se, pois, no quadro 15, como poderia ser estruturada uma página de tese com o título *O Problema da Epifania no "Portrait" de James Joyce,* em que a obra sobre a qual versa a tese, uma vez definida a edição a que nos referimos e quando se tiver decidido utilizar, por comodidade, a tradução italiana de Cesare Pavese, é citada com o número da página entre parênteses no texto, ao passo que a literatura crítica é citada em nota.

Regra 5 – As citações de fontes primárias devem, de preferência, ser colhidas da edição crítica ou da edição mais conceituada: numa tese sobre Balzac, seria desaconselhável recorrer à edição Livre de Poche; pelo menos recorra-se à obra completa da Pléiade. Para autores antigos e clássicos, em geral basta citar parágrafos, capítulos ou versículos, conforme os usos correntes (ver 3.2.3.). Para autores contemporâneos, citar, se possível, se há várias edições, a primeira ou a última edição revista e corrigida, conforme o caso; cita-se a primeira se as seguintes forem meras reimpressões, a última se a obra tiver sido refundida, revisada, ampliada ou atualizada. Em qualquer caso, especificar que existe uma primeira e uma enésima edição, esclarecendo qual a que está sendo citada (ver 3.2.3.).

Regra 6 – Quando se estuda um autor estrangeiro, as citações devem ser na língua original. Essa regra é taxativa em se tratando de obras literárias. Nesses casos pode ser mais ou menos útil fazer seguir a tradução entre parênteses ou em nota. Para isso, siga as indicações do orientador. Ao se tratar de um autor do qual não se analisa o estilo literário, mas cuja exata expressão do pensamento, em todos os seus matizes linguísticos, tem uma certa importância (o comentário a um excerto filosófico, por exemplo), é conveniente trabalhar com o original. Aqui, porém, é altamente aconselhável acrescentar entre parênteses ou em nota a tradução, pois isso constitui também um exercício interpretativo de sua parte. Finalmente, ao citar um autor estrangeiro, mas tão somente para tirar uma informação, dados estatísticos ou históricos, um juízo de caráter geral, pode-se recorrer a uma boa tradução ou mesmo traduzir o trecho, para não obrigar o leitor a constantes saltos de uma língua para outra. Basta citar adequadamente o título original e explicitar qual a tradução utilizada. Pode ainda suceder que se fale de um autor estrangeiro, quer esse autor seja um poeta ou um novelista, mas que se examinem seus textos não por motivos de estilo, mas de conteúdo filosófico. Nesse caso, se as citações forem muitas e contínuas, pode-se recorrer a uma boa tradução para tornar o discurso mais fluente, apenas inserindo breves trechos *no original* quando se quiser ressaltar o uso específico de uma certa palavra. É esse o exemplo de Joyce fornecido no quadro 15. Veja também o ponto (c) da regra 4.

Regra 7 – A remissão ao autor e à obra deve ser *clara*. Para entender-se o que queremos dizer, valha o seguinte exemplo (*errôneo*):

Concordamos com Vásquez quando sustenta que "o problema em exame está longe de ser resolvido"[1], e, apesar da conhecida opinião de Braun[2], para quem "a luz se fez em definitivo sobre essa antiga questão", consideramos com nosso autor que "resta ainda percorrer um longo caminho antes que se chegue a um estádio de conhecimento satisfatório".

A primeira citação é, decerto, de Vásquez e a segunda de Braun, mas a terceira será mesmo de Vásquez, como insinua o contexto? E uma vez que na nota 1 reportamos à primeira citação de Vásquez na página 160 de sua obra, deveremos supor que também a terceira esteja na mesma página do mesmo livro? E se a terceira citação fosse de Braun? Eis como o trecho deveria ter sido redigido:

Concordamos com Vásquez quando sustenta que "o problema em exame está longe de ser resolvido"[3] e, apesar da conhecida opinião de Braun, para quem "a luz se fez em definitivo sobre essa antiga questão"[4], consideramos com nosso autor que "resta ainda percorrer um longo caminho antes que se chegue a um estágio de conhecimento satisfatório"[5].

Repare que, na nota 5, escrevemos: Vásquez, op. cit., p. 161. Se a frase fosse ainda da página 160, poderíamos ter escrito: Vásquez, ibidem.

1 Roberto Vásquez, *Fuzzy Concepts,* London, Faber, 1976, p. 160.
2 Richard Braun, *Logik and Erkenntnis,* München, Fink, 1968, p. 345.
3 Roberto Vásquez, *Fuzzy Concepts,* London, Faber, 1976, p. 160.
4 Richard Braun, *Logik and Erkenntnis,* München, Fink, 1968, p. 345.
5 Vásquez, op. cit., p. 161.

A REDAÇÃO   151

Mas, ai de nós se tivéssemos colocado "ibidem" sem especificar "Vásquez". Significaria que a frase se encontra na página 345 do livro de Braun que se acaba de citar. "Ibidem", portanto, significa "no mesmo lugar" e só se usa quando se quer repetir a citação da nota precedente. Mas se, no texto, em vez de "consideramos com nosso autor" tivéssemos dito "consideramos com Vásquez", querendo fazer referência à página 160, poderíamos colocar em nota um simples "ibidem". Desde que, convém lembrar, houvéssemos falado de Vásquez e sua obra algumas linhas acima, ou pelo menos na mesma página, ou não mais de duas notas antes. Se, pelo contrário, Vásquez aparecesse dez páginas antes, seria melhor repetir em nota a indicação por inteiro ou, no mínimo, "Vásquez, op. cit., p. 160".

Regra 8 – Quando uma citação não ultrapassa duas ou três linhas, pode-se inseri-la no corpo do parágrafo entre aspas duplas, como faço agora citando Campbell e Ballou, que dizem que "as citações diretas que não ultrapassam três linhas datilografadas aparecem entre aspas duplas no próprio corpo do texto"[6]. Quando a citação é mais longa, é melhor colocá-la *em espaço um com entrada* (se a tese for datilografada em espaço três, a citação pode ser em espaço dois). Nesse caso, não são necessárias as aspas, pois fica claro que todos os trechos com entrada e em espaço um são citações, cabendo-nos vigiar para que nossas observações pessoais ou desenvolvimentos secundários (que deverão ir em nota) não caiam no mesmo sistema. Eis um exemplo de dupla citação com entrada[7]:

Se uma citação direta superar três linhas datilografadas, vai fora do texto em um parágrafo ou em vários parágrafos separadamente, em espaço um...
    A subdivisão em parágrafos da fonte original deve ser mantida na citação. Os parágrafos que se sucedem na fonte permanecem separados por um só espaço, bem como as linhas. Os parágrafos citados a partir de duas fontes diversas e não separados por um texto de comentário devem ser separados por espaço duplo[8].

---

6 W.G. Campbell e S.V. Ballou, *Form and Style*, Boston, Houghton Mifflin, 1974, p. 40.
7 Como a página que você está lendo é impressa (e não datilografada), em vez de um espaço menor usa-se um corpo tipográfico menor (que a máquina de ▶ ▷ escrever *não tem*). A evidência da utilização desse corpo menor é tal que, no resto do livro, você vê que nem é necessário dar entrada, bastando isolar o bloco em corpo menor, dando-lhe uma linha de espaço em cima e embaixo. Aqui se deu entrada só para salientar a utilidade desse artifício na página datilografada.
8 Campbell e Ballou, op. cit., p. 40.

152

A entrada é usada para indicar as citações principalmente num texto que implique numerosas citações de algum comprimento... Não se usam aspas[9].

Esse método é bastante cômodo porque coloca de imediato sob os olhos do leitor os textos citados, permite saltá-los se a leitura for transversal, concentrar-se exclusivamente sobre eles quando o leitor estiver mais interessado nas citações do que no nosso comentário e, por fim, permite encontrá-los rapidamente quando os procuramos por motivo de consulta.

Regra 9 – As citações devem ser *fiéis*. Primeiro, deve-se transcrever as palavras tal como estão (e, para tanto, convém sempre, após a redação, confrontar as citações com o original, pois, ao copiá-las, à mão ou à máquina, costumamos incorrer em erros ou omissões). Segundo, nunca se deve eliminar partes do texto sem que isso seja assinalado: essa *sinalização* de elipses faz-se mediante a inserção de reticências, que correspondem às porções deixadas de lado. Terceiro, jamais fazer interpolações: qualquer comentário, esclarecimento ou especificação nossos devem vir entre *colchetes*. Mesmo os grifos (*sublinhados*) que não são do autor, mas nossos, devem ser assinalados. Exemplo: no texto citado, entre outras coisas, aparecem regras ligeiramente diferentes das que utilizo para as interpolações; mas isso se presta também para esclarecer como os critérios podem divergir, desde que sua adoção seja constante e coerente:

No interior da citação... podem ocorrer alguns problemas... Sempre que se omitir a transcrição de uma parte do texto, isso será assinalado pondo reticências entre colchetes [sugerimos apenas as reticências, sem os colchetes]... Em contrapartida, quando for acrescentada uma palavra para a melhor compreensão do texto transcrito, esta aparecerá entre colchetes [não nos esqueçamos que estes autores estão falando de teses de literatura francesa, nas quais às vezes pode ser necessário interpolar uma palavra que faltava no manuscrito original, mas cuja presença o filólogo conjetura].

....

Tenha em mente a necessidade de evitar os erros de francês e *escrever num vernáculo correto e claro* [grifo nosso].[10]

---

9   P.G. Perrin, *An Index to English*, 4.ª ed., Chicago, Scott, Foresman and Co., 1959, p. 338.

10   R. Campagnoli e A.V. Borsari, *Guida alla tesi di laurea in lingua e letteratura francese*, Bologna, Patron, 1971, p. 32.

A REDAÇÃO 153

Se o autor citado, embora digno de menção, incorre num erro manifesto, de estilo ou de informação, devemos respeitar o seu erro, mas assinalá-lo ao leitor ao menos com colchetes do tipo [sic]. Dir--se-á, portanto, que Savoy afirma que "em 1820 [sic], após a morte de Bonaparte, a situação europeia era nebulosa".

Regra 10 – Citar é como testemunhar num processo. Precisamos estar sempre em condições de retomar o depoimento e demonstrar que é fidedigno. Por isso, a referência deve ser *exata* e *precisa* (não se cita um autor sem dizer em que livro e em que página), como também *averiguável* por todos. Que fazer quando uma informação ou um juízo importante nos forem fornecidos por uma comunicação pessoal, carta ou manuscrito? Basta citar a frase apondo em nota uma das seguintes expressões:

1. Comunicação pessoal do autor (6 de junho de 1975).
2. Carta pessoal do autor (6 de junho de 1975).
3. Declaração registrada em 6 de junho de 1975.
4. C. Smith, *Le Fonti dell'Edda di Snorri,* manuscrito.
5. C. Smith, Comunicação ao XII Congresso de Fisioterapia, manuscrita (em publicação pela Editora Mouton, The Hague).

Reparem que, no que respeita às fontes 2, 4 e 5, existem documentos que poderão ser apresentados em qualquer momento. Para a fonte 3, trabalhamos no vazio, dado que o termo "registro" não nos diz se se trata de gravação em fita ou de apontamento estenográfico. Quanto à fonte 1, apenas o autor poderia nos desmentir (mas pode já ter morrido). Em casos assim, extremos, é sempre de boa norma, após dar forma definitiva à citação, comunicá-la por carta ao autor e obter uma resposta em que ele declare reconhecer-se nas ideias que lhe foram atribuídas e o autorize a fazer uso da citação. Caso se tratasse de uma citação *muitíssimo* importante e inédita (uma nova fórmula, o resultado de uma pesquisa ainda secreta), seria aconselhável anexar à tese uma fotocópia da carta de autorização. Desde que, é claro, o autor da informação seja uma autoridade científica notória e não um joão-ninguém.

Regras secundárias – Se quisermos ser exatos, ao inserir um sinal de elipse (reticências com ou sem colchetes), devemos proceder do seguinte modo com a pontuação:

Se omitirmos uma parte pouco importante, ... a elipse deve seguir a pontuação da parte completa. Se omitirmos uma parte central..., a elipse precede a vírgula.

Ao citar versos, atenha-se aos usos da literatura crítica compulsada. De qualquer maneira, apenas um verso pode aparecer no corpo do texto: "la donzelletta vien dalla campagna". Dois versos podem aparecer no texto separados por uma barra: "I cipressi che a Bolgheri alti e schietti / van da San Guido in duplice filar". Mas, caso se trata de um excerto poético mais longo, é melhor recorrer ao sistema de espaço um com entrada:

> E quando saremo sposati,
> sarò ben felice con te.
> Amo tanto la mia Rosie O'Grady
> e la mia Rose O'Grady ama me.

Procede-se da mesma forma perante um único verso destinado a ser alvo de uma longa análise subsequente, como no caso em que se quisesse extrair os elementos fundamentais da poética de Verlaine do verso

> De la musique avant toute chose

Aqui, acho que não é necessário sublinhar o verso, mesmo pertencendo a língua estrangeira. Sobretudo se a tese for sobre Verlaine, pois, do contrário, cumpriria sublinhar centenas de páginas. Mas escrever-se-á

> De la musique avant toute chose
> *et pour cela préfère l'impair*
> plus vague et plus soluble dans l'air,
> sans rien en lui qui pèse et qui pose...

se o núcleo da tese for a noção de "disparidade". Especificar sempre: "grifo nosso".

A REDAÇÃO

Quadro 15
EXEMPLO DE ANÁLISE CONTINUADA DE UM MESMO TEXTO

O texto do *Portrait* é rico destes momentos de êxtase já definidos como epifânicos em *Stephen Hero*:

> Cintilando e tremulando, tremulando e alastrando, luz que irrompia, flor que desabrochava, a visão desabrochou-se numa incessante sucessão de si mesma rompendo num carmesim vivo, alastrando e desvanecendo-se no rosa mais pálido, pétala a pétala, onda a onda de luz inundando todo o firmamento com seus doces fulgores, cada qual mais intenso que o anterior (p. 219).

Nota-se desde logo, porém, que mesmo a visão "submarina" transforma-se imediatamente em visão de chama, onde prevalecem tons rubros e sensações de fulgor. Talvez o texto original reflita melhor essa sensação com expressões como "a brakin light" ou "wave of light by wave of light" e "soft flashes".

Ora, sabemos que no *Portrait* as metáforas do fogo são frequentes, com a palavra "fire" aparecendo pelo menos 59 vezes e as diversas variações de "flame" 35 vezes[1]. Diremos então que a experiência da epifania se associa à do fogo, o que nos dá uma chave para a busca de relações entre o jovem Joyce e o D'Annunzio de *Il fuoco*. Vejamos agora o trecho:

> Ou seria porque, sendo tão fraco de vista como tímido de espírito, sentia menos prazer na refração do ardente mundo sensível através do prisma de uma língua policrômica e ricamente ilustrada... (p. 211).

onde é desconcertante a evocação de um trecho de D'Annunzio em *Il fuoco* que diz:

> atraída para aquela atmosfera *ardente como o ambiente de uma forja...*

---

1. L. Hancock, A Word Index to J. Joyce's Portrait of the Artist, Carbondale, Southern Illinois University Press, 1976.

5.3.2. *Citações, paráfrases e plágio*

Ao elaborar a ficha de leitura, você resumiu vários pontos do autor que lhe interessavam: isto é, fez *paráfrases* e repetiu com suas próprias palavras o pensamento do autor. E também reproduziu trechos inteiros entre aspas.

Ao passar para a redação da tese, já não terá sob os olhos o texto e provavelmente copiará longos trechos das fichas. Aqui, é preciso certificar-se de que os trechos que copiou são realmente paráfrases e não *citações sem aspas*. Do contrário, terá cometido um *plágio*.

Essa forma de plágio é assaz comum nas teses. O estudante fica com a consciência tranquila porque informa, antes ou depois, em nota de rodapé, que está se referindo àquele autor. Mas o leitor que, por acaso, percebe na página não uma paráfrase do texto original, mas uma verdadeira *cópia* sem aspas, pode tirar daí uma péssima impressão. E isso não diz respeito apenas ao orientador, mas a quem quer que posteriormente estude a sua tese, para publicá-la ou para avaliar sua competência.

Como ter certeza de que uma paráfrase não é um plágio? Antes de tudo, se for muito mais curta do que o original, é claro. Mas há casos em que o autor diz coisas de grande conteúdo numa frase ou período curtíssimo, de sorte que a paráfrase deve ser muito mais longa do que o trecho original. Nesse caso, você não deve se preocupar doentiamente em nunca colocar as mesmas palavras, pois às vezes é inevitável, ou mesmo útil, que certos termos permaneçam imutáveis. A prova mais cabal é dada quando conseguimos parafrasear o texto sem tê-lo diante dos olhos, significando que não só não o copiamos como o entendemos.

Para melhor esclarecer esse ponto, transcrevo – com o número 1 – um trecho de um livro (trata-se de Norman Cohn, *Os Fanáticos do Apocalipse*).

Com o número 2 exemplifico uma paráfrase razoável.

Com o número 3 exemplifico uma *falsa paráfrase*, que constitui um plágio.

Com o número 4 exemplifico uma paráfrase igual à do número 3, mas na qual o plágio é evitado pelo uso honesto de aspas.

1. *O texto original*

A vinda do Anticristo deu lugar a uma tensão ainda maior. Sucessivas gerações viveram numa constante expectativa do demônio destruidor, cujo reino seria, de fato, um caos sem lei, uma era consagrada à rapina e ao saque, à tortura e ao massacre, mas também o prelúdio de um termo ansiado, a Segunda Vinda e o Reino dos Santos. As pessoas estavam sempre alertas, atentas aos "sinais" que, segundo a tradição profética, anunciariam e acompanhariam o último "período de desordem"; e, já que os "sinais" incluíam maus governantes, discórdia civil, guerra, seca, fome, carestia, peste, cometas, mortes imprevistas de pessoas eminentes e uma crescente pecaminosidade geral, nunca houve dificuldade em detectá-los.

A REDAÇÃO

2. Uma paráfrase honesta

A esse respeito, Cohn[11] é bastante explícito. Debruça-se sobre a situação de tensão típica desse período, em que a expectativa do Anticristo é, ao mesmo tempo, a do reino do demônio, inspirado na dor e na desordem, mas também prelúdio da chamada Segunda Vinda, a Parúsia, a volta do Cristo triunfante. Numa época dominada por acontecimentos sombrios, saques, rapinas, carestia e pestes, não faltavam às pessoas os "sinais" correspondentes aos sintomas que os textos proféticos haviam sempre anunciado como típicos da vinda do Anticristo.

3. Uma falsa paráfrase

Segundo Cohn... [segue-se uma lista de opiniões expressas pelo autor em outros capítulos]. Por outro lado, cumpre não esquecer que a vinda do Anticristo deu lugar a uma tensão ainda maior. As gerações viviam na constante expectativa do demônio destruidor, cujo reino seria, de fato, um caos sem lei, uma era consagrada à rapina e ao saque, à tortura e ao massacre, mas também o prelúdio à Segunda Vinda ou ao Reino dos Santos. As pessoas estavam sempre alertas, atentas aos sinais que, segundo os profetas, acompanhariam e anunciariam o último "período de desordem": e, já que esses "sinais" incluíam os maus governantes, a discórdia civil, a guerra, a seca, a fome, a carestia, as pestes e os cometas, além das mortes imprevistas de pessoas importantes (e uma crescente pecaminosidade geral), nunca houve dificuldade em detectá-los.

4. Uma paráfrase quase textual que evita o plágio

O próprio Cohn, já citado, recorda ainda que "a vinda do Anticristo deu lugar a uma tensão ainda maior". As diversas gerações viviam em constante expectativa do demônio destruidor, "cujo reino seria, de fato, um caos sem lei, uma era consagrada à rapina e ao saque, à tortura e ao massacre, mas também o prelúdio de um termo ansiado, a Segunda Vinda e o Reino dos Santos".

As pessoas estavam sempre alertas e atentas aos sinais que, segundo os profetas, acompanhariam e anunciariam o último "período de desordem". Ora, sublinha Cohn, uma vez que esses sinais incluíam "maus governantes, discórdia civil, guerra, seca, fome, carestia, peste, cometas, mortes imprevistas de pessoas eminentes e uma crescente pecaminosidade geral, nunca houve dificuldade em detectá-los"[12].

Ora, é claro que, em lugar de dar-se ao trabalho de elaborar a paráfrase n.º 4, melhor fora transcrever como citação o trecho

---

11 Norman Cohn, *I fanatici dell'Apocalisse*, Milano, Comunità, 1965, p. 128.
12 Ibidem.

completo. Mas para isso seria preciso que sua ficha de leitura já contivesse todo o trecho ou uma paráfrase insuspeita. Como, ao redigir a tese, não poderá mais recordar-se do que foi feito na fase de fichamento, cumpre proceder corretamente a partir daí. Você deve estar seguro de que, não existindo aspas na ficha, o que ali está é uma paráfrase e não um plágio.

5.4. NOTAS DE RODAPÉ

5.4.1. Para que servem as notas

Uma opinião muito difundida pretende que não apenas as teses como também os livros com muitas notas denunciam um esnobismo erudito e, com frequência, uma tentativa de lançar fumaça nos olhos do leitor. Por certo, não se deve excluir que muitos autores amontoam notas para conferir um tom importante ao seu trabalho, ou que recheiam as notas com informações desnecessárias, às vezes subtraídas sub-repticiamente da literatura crítica examinada. Mas isso não impede que as notas, quando utilizadas na justa medida, sejam importantes. Qual seja essa justa medida depende do tipo de tese. Não obstante, procuraremos ilustrar os casos em que as notas se impõem, e como se elaboram.

a) *As notas servem para indicar as fontes das citações.* Se a fonte tivesse de ser indicada no próprio texto, a leitura da página seria difícil. Há, sem dúvida, maneiras de fornecer referências essenciais no texto, sem recorrer às notas, como no sistema autor-data discutido em 5.4.3. Mas, em geral, a nota se presta maravilhosamente a esse fim. Se for nota de referência bibliográfica, convém que apareça *em rodapé* e não *no fim* do livro ou do capítulo, pois desse modo com um simples golpe de vista pode-se controlar o que se está discutindo.

b) *As notas servem para acrescentar ao assunto discutido no texto outras indicações bibliográficas de reforço:* "ver também, a esse respeito, a obra tal". Aqui também é mais cômodo colocá-las em rodapé.

c) *As notas servem para remissões internas e externas.* Tratado um assunto, pode-se pôr em nota um "cf." (que quer dizer "confrontar" e que remete a outro livro ou a outro capítulo ou parágrafo

A REDAÇÃO 159

de nosso próprio trabalho). As remissões internas também podem aparecer no texto, quando essenciais: sirva de exemplo o presente livro, no qual vez por outra surgem remissões a outro parágrafo.

d) *As notas servem para introduzir uma citação de reforço* que, no texto, atrapalharia a leitura. Quer dizer, no texto você faz uma afirmação e, para não perder o fio da meada, passa à afirmação seguinte, remetendo em seguida à primeira nota em que se demonstra como uma célebre autoridade confirma a afirmação feita[13].

e) *As notas servem para ampliar as afirmações que se fez no texto*[14]: nesse sentido, são úteis por permitirem não sobrecarregar o texto com observações que, embora importantes, são acessórias em relação ao tema ou apenas repetem, sob um ponto de vista diferente, o que já fora dito de maneira essencial.

f) *As notas servem para corrigir as afirmações do texto:* você está seguro do que afirma mas, ao mesmo tempo, consciente de que pode haver quem não esteja de acordo, ou considera que, de um certo ponto de vista, se poderia fazer uma objeção à nossa assertiva. Seria, então, prova não só de lealdade científica, mas também espírito crítico inserir uma nota explicativa[15].

g) As notas podem servir para dar a *tradução* de uma citação que era essencial fornecer em língua estrangeira, ou a *versão original* de uma citação que, por motivos de fluência do discurso, era mais cômodo fazer em tradução.

h) *As notas servem para pagar as dívidas.* Citar um livro donde se extraiu uma frase é pagar uma dívida. Citar um autor do qual se utilizou uma ideia ou uma informação é pagar uma dívida. Às

13 "Todas as afirmações importantes de fatos que não são matéria de conhecimento geral [...] devem basear-se numa evidência da sua validez. Isso pode ser feito no texto, na nota de rodapé ou em ambos" (Campbell, op. cit., p. 50).
14 As notas *de conteúdo* podem ser usadas para discutir ou ampliar pontos do texto. Por exemplo, Campbell e Ballou (op. cit., p. 50) lembram que é útil colocar em nota discussões técnicas, comentários incidentais, corolários e informações adicionais.
15 De fato, depois de haver dito que é útil fazer as notas, ressaltemos que, como lembram ainda Campbell e Ballou (op. cit., p. 50), "o uso das notas com vista à elaboração do trabalho requer certa prudência. É preciso ter cuidado em não transferir para as notas informações importantes e significativas: as ideias diretamente relevantes e as informações essenciais devem aparecer no texto". Por outro lado, como dizem os mesmos autores (ibidem), "qualquer nota de rodapé deve justificar praticamente sua própria existência". Não há nada mais irritante do que as notas que parecem inseridas só para fazer figura e que não dizem nada de importante para os fins daquele discurso.

vezes, porém, é preciso também pagar dívidas cuja documentação não é fácil, e pode ser norma de correção científica advertir em nota, por exemplo, que uma série de ideias originais ora expostas jamais teria vindo à luz sem o estímulo recebido da leitura de determinada obra ou das conversações privadas com tal estudioso.

Enquanto as notas do tipo *a*, *b* e *c* são mais úteis em rodapé, as do tipo *d*, *h* podem aparecer também no fim do capítulo ou da tese, principalmente se forem muito longas. Contudo, diremos que *uma nota nunca deveria ser excessivamente longa*, do contrário não será uma nota, mas *um apêndice* que, como tal, deve aparecer no fim da obra, numerado. De qualquer forma, é preciso ser coerente: ou todas as notas em rodapé ou no fim do capítulo, ou breves notas em rodapé e apêndices no fim da obra.

Convém lembrar mais uma vez que, quando se está examinando uma fonte homogênea, a obra de um só autor, as páginas de um diário, uma coleção de manuscritos, cartas ou documentos etc., poder-se-á evitar as notas simplesmente fornecendo no início do trabalho abreviaturas para as fontes e inserindo entre parênteses, no texto, uma sigla com o número de página ou do documento para cada citação ou outra remissão qualquer. Veja o parágrafo 3.2.3., sobre as citações de clássicos, e atenha-se àqueles usos. Numa tese sobre autores medievais publicados na patrologia latina de Migne evitar-se-ão centenas de notas colocando no texto parênteses do tipo (PL, 30, 231). Deve-se proceder da mesma maneira para remissões a quadros, tabelas, figuras no texto ou em apêndice.

5.4.2. O sistema citação-nota

Consideremos agora o uso da nota como meio de referência bibliográfica: se no texto se fala de algum autor ou se citam algumas passagens suas, a nota correspondente fornece a referência bibliográfica adequada. Esse sistema é bastante cômodo porque, com a nota em rodapé, o leitor fica sabendo logo a que obra nos referimos.

Mas esse método impõe uma duplicação: as obras citadas em nota deverão reaparecer depois na bibliografia final (exceto nos raros casos em que a nota cita um autor que nada tem a ver com a bibliografia específica da tese, como se, num trabalho de

A REDAÇÃO

astronomia, me ocorresse citar "l'Amor che muove il sole e l'altre stelle"[16]; a nota bastaria).

Com efeito, não se pode dizer que se as obras citadas já apareceram em nota, não será necessária a bibliografia final; na verdade, a bibliografia final serve para se ter uma panorâmica do material consultado e para dar informações globais sobre a literatura referente ao tema, sendo pouca gentileza para com o leitor obrigá-lo a procurar os textos página por página nas notas.

Ademais, a bibliografia final fornece, relativamente à nota, informações mais completas. Por exemplo, ao citar um autor estrangeiro, pode-se dar em nota apenas o título na língua original, ao passo que a bibliografia mencionará também a existência de uma tradução. E mais: costuma-se citar em nota o autor pelo *nome e sobrenome,* enquanto na bibliografia o encontraremos em ordem alfabética pelo sobrenome e nome. Além disso, existindo uma primeira edição de um artigo em revista e depois uma reedição, muito mais acessível, num volume coletivo, a nota poderá citar apenas a segunda edição, com a página do volume coletivo, enquanto a bibliografia deverá citar sobretudo a primeira edição. Uma nota pode abreviar certos dados, eliminar o subtítulo, omitir de quantas páginas é o volume, enquanto a bibliografia deve fornecer todas essas informações.

No quadro 16 apresentamos um exemplo de uma página de tese com várias notas em rodapé e no quadro 17 fornecemos as mesmas referências bibliográficas tal como aparecerão na bibliografia final, de modo a mostrar as diferenças.

Advertimos desde já que o texto proposto à guisa de exemplo foi concebido *ad hoc* de modo a apresentar inúmeras referências de tipos diferentes, razão pela qual não aposto em sua verossimilhança ou clareza conceitual.

Advertimos ainda que, por motivos de simplificação, a bibliografia foi limitada aos dados essenciais, ignorando as exigências de perfeição e completude descritas em 3.2.3.

16 Dante, *Par.* XXXIII, 145.

Quadro 16
EXEMPLO DE PÁGINA COM SISTEMA CITAÇÃO-NOTA

Chomsky[1], embora admitindo o princípio da semântica interpretativa de Katz e Fodor[2], segundo o qual o significado do enunciado é a soma dos significados de seus constituintes elementares. Não renuncia, porém, a reivindicar em todos os casos o primado da estrutura sintática profunda como determinante do significado[3].

Naturalmente, a partir dessas primeiras posições, Chomsky chegou a uma posição mais articulada, prenunciada já em suas primeiras obras através de discussões de que dá conta no ensaio "Deep Structure, Surface Structure and Semantic Interpretation"[4], colocando a interpretação semântica a meio caminho entre a estrutura profunda e a estrutura superficial. Outros autores, Lakoff[5], por exemplo, tentam construir uma semântica gerativa onde a forma lógico-semântica gera a própria estrutura sintática[6].

---

1. Para uma boa visão panorâmica dessa tendência, ver Nicolas Ruwet, *Introduction à la grammaire générative*, Paris, Plon, 1967.
2. Jerrold J. Katz e Jerry A. Fodor, "The Structure of a Semantic Theory", *Language* 39, 1963.
3. Noam Chomsky, *Aspects of a Theory of Syntax*, Cambridge, M.I.T., 1965, p. 162.
4. No volume *Semantics*, org. por D. D. Steinberg e L. A. Jakobovits, Cambridge University Press, 1971.
5. "On Generative Semantics", in VVAA, *Semantics*, cit.
6. Na mesma linha ver: James McCawley, "Where do noun phrases come from?", in VVAA, *Semantics*, cit.

Quadro 17
EXEMPLO DE BIBLIOGRAFIA PADRÃO CORRESPONDENTE

VVAA, *Semantics: An Interdisciplinary Reader in Philosophy Linguistics and Psychology*, organizado por Steinberg, D. D. e Jakobovits, L. A., Cambridge, Cambridge University Press, 1971, pp. x-604.

CHOMSKY, Noam. *Aspects of a Theory of Syntax*. Cambridge, M.I.T. Press, 1965, pp. xx-252 (trad. it. in *Saggi Linguistici* 2, Turim, Boringhieri, 1970).

_____. "De quelques constantes de la théorie linguistique". *Diogène* 51, 1965 (trad. it. in VVAA, *I problemi attuali della linguistica*, Milão, Bompiani, 1968).

_____. "Deep Structure, Surface Structure and Semantic Interpretation". In: VVAA, *Studies in Oriental and General Linguistics*, organizado por Jakobson, Roman, Tóquio, TEC Corporation for Language and Educational Research, 1970, pp. 52-91; agora in VVAA, *Semantics* (v.), pp. 183-216.

KATZ, Jerrold J. e FODOR, Jerry A. "The Structure of a Semantic Theory". *Language* 39, 1963 (ou in VVAA, *The Structure of Language*, organizado por Katz, J. J. e Fodor, J. A., Englewood Cliffs, Prentice-Hall, 1964, pp. 479-518).

LAKOFF, George. "On Generative Semantics". In: VVAA, *Semantics* (v.), pp. 232-296.

MCCAWLEY, James. "Where do Noun Phrases Come From?". In: VVAA, *Semantics* (v.), pp. 217-231.

RUWET, Nicolas. *Introduction à la grammaire générative*. Paris, Plon, 1967, pp. 452. (2.ª ed., 1973, Etas Kompass Libri), pp. 304.

A REDAÇÃO   163

Aquilo que, no quadro 17, chamamos bibliografia padrão poderia assumir formas variáveis: os nomes dos autores em minúsculas,
os livros assinalados com VVAA sob o nome do organizador etc.

Vemos que as notas são menos precisas do que a bibliografia,
não se preocupam em citar a primeira edição e apenas inten-
tam tornar determinável o texto de que se fala, reservando para
a bibliografia as informações completas; só dão a página em caso de
absoluta necessidade, não dizem de quantas páginas é o volume que
referem nem se está traduzido. Para isso existe a bibliografia final.

Quais são os defeitos desse sistema? Tomemos para exemplo
a nota 5. Informa-nos que o artigo de Lakoff está no volume de
VVAA, *Semantics,* cit. Onde foi citado? Na nota 4, por sorte. E se
tivesse sido dez páginas antes? Repete-se, por comodidade, a citação? Deixa-se que o leitor vá verificar na bibliografia? Nesse caso,
é mais cômodo o sistema autor-data de que falaremos a seguir.

5.4.3. O sistema autor-data

Em muitas disciplinas (e cada vez mais nos últimos anos) usa-se
um sistema que permite eliminar todas as notas de referência
bibliográfica, conservando apenas as de discussão e remissão.

Esse sistema pressupõe que a bibliografia final evidencie o
nome do autor e a data de publicação da primeira edição do livro
ou artigo. A bibliografia assume, portanto, uma das seguintes
formas, a escolher:

Corigliano, Giorgio
1969   *Marketing-Strategie e tecniche,* Milano, Etas Kompass S.p.A. (2.ª ed., 1973,
       Etas Kompass Libri), pp. 304.
CORIGLIANO, Giorgio
1969   *Marketing-Strategie e tecniche,* Milano, Etas Kompass S.p.A. (2.ª ed., 1973,
       Etas Kompass Libri), pp. 304.
Corigliano, Giorgio, 1969, *Marketing-Strategie e tecniche,* Milano, Etas Kompass
       S.p.A. (2.ª ed., 1973, Etas Kompass Libri), pp. 304.

O que permite essa bibliografia? Permite, quando se tem de
falar desse livro no texto, proceder do seguinte modo, evitando
a chamada, a nota e a citação em rodapé:

Nas pesquisas sobre produtos existentes, "as dimensões da amostra estão,
elas próprias, em função das exigências específicas da prova" (Corigliano,

1969:73). Mas o mesmo Corigliano advertira que a definição da área é comodista (1969:71).

O que faz o leitor? Vai à bibliografia final e percebe que a indicação "(Corigliano, 1969:73)" significa "página 73 do livro *Marketing* etc.".

Esse sistema permite simplificar enormemente o texto e eliminar oitenta por cento das notas. Ademais, obriga-nos, na fase da redação, a copiar os dados de um livro (ou de muitos livros, quando a bibliografia for bastante ampla) *uma só vez*.

Trata-se, pois, de um sistema particularmente recomendável quando se faz necessário citar uma sucessão de livros, e com frequência o mesmo livro, evitando destarte as aborrecidas notinhas na base de ibidem, op. cit. e assim por diante. É mesmo um sistema indispensável quando se faz um resumo compacto da literatura referente ao tema. Tomemos, por exemplo, uma frase como esta:

o problema foi amplamente discutido por Stumpf (1945:88-100), Rigabue (1956), Azzimonti (1957), Forlimpopoli (1967), Colacicchi (1968), Poggibonsi (1972) e Gzbiniewsky (1975), mas totalmente ignorado por Barbapedana (1950), Fugazza (1967) e Ingrassia (1970).

Se, para cada uma dessas citações, tivéssemos de colocar uma nota com a indicação da obra, a página ficaria absurdamente cheia, sem que, por outro lado, o leitor percebesse a sequência temporal, o desenvolvimento do interesse para o problema em questão.

No entanto, esse sistema só funciona sob certas condições:

a) caso se trate de uma bibliografia muito *homogênea* e *especializada*, de que os prováveis leitores do trabalho já estão a par. Se a resenha acima se referir, vamos dizer, ao comportamento sexual dos batráquios (tema especializado), presume-se que o leitor saiba à primeira vista que "Ingrassia, 1970" significa o volume *O Controle da Natalidade Entre os Batráquios* (ou que, pelo menos, conclua que se trata de um dos estudos de Ingrassia do último período, portanto diferente dos já famosos estudos do Ingrassia dos anos de 1950). Mas se, ao contrário, se fizer uma tese sobre a cultura italiana da primeira metade do século, na qual serão citados romancistas, poetas, políticos, filósofos e economistas, o sistema torna-se inviável, porque ninguém está habituado a reconhecer um livro pela data, e se alguém for capaz disso num campo específico, não o será em todos.

A REDAÇÃO

b) caso se trate de uma bibliografia *moderna* ou, pelo menos, dos dois últimos séculos. Num estudo sobre filosofia grega não se costuma citar um livro de Aristóteles pelo ano de publicação (por motivos assaz compreensíveis).

c) caso se trate de bibliografia *científico-erudita*: não é costume escrever "Moravia, 1929" para indicar *Gli indifferenti*. Se seu trabalho satisfaz essas condições e corresponde a esses limites, então o sistema autor-data é aconselhável.

No quadro 18, vê-se a mesma página do quadro 16 reformulada segundo o novo sistema: e vemos, como primeiro resultado, que ela fica *mais curta*, com apenas uma nota em vez de seis. A bibliografia correspondente (quadro 19) é um pouco mais extensa, porém mais clara. A sucessão das obras de um mesmo autor salta aos olhos (note-se que, quando duas obras do mesmo autor aparecem no mesmo ano, costuma-se especificar a data acrescentando-lhe uma letra alfabética), as remissões internas à própria bibliografia tornam-se mais rápidas.

Repare que, nessa bibliografia, foram abolidos os vvaa, e os livros coletivos aparecem sob o nome do organizador (com efeito, "vvaa, 1971" não significaria nada, pois poderia referir-se a vários livros).

Veja ainda que, além de registrar artigos publicados num volume coletivo, às vezes se colocou também na bibliografia – sob o nome do organizador – o volume coletivo donde foram extraídos; outras vezes, ao contrário, o volume citado apareceu apenas no verbete referente ao artigo. A razão é simples: um volume coletivo como Steinberg & Jakobovits, 1971, já vem citado porque vários artigos (Chomsky, 1971; Lakoff, 1971; McCawley, 1971) se referem a ele; um volume como *The Structure of Language*, organizado por Katz e Fodor, vem, ao contrário, citado no corpo do verbete referente ao artigo "The Structure of a Semantic Theory" dos mesmos autores, porque não há na bibliografia outros textos que se refiram a ele.

Por fim, note-se que esse sistema permite ver imediatamente quando um texto foi publicado pela primeira vez, mesmo se já o conhecemos em reedições sucessivas. Por isso, o sistema autor-data é útil nos trabalhos homogêneos sobre uma disciplina específica, porquanto nesses domínios é, com frequência, importante saber quem propôs pela primeira vez determinada teoria ou fez pela primeira vez uma pesquisa empírica.

Há uma derradeira razão em apoio ao sistema autor-data. Suponha ter acabado de datilografar uma tese com inúmeras notas de rodapé, de sorte que, mesmo numerando-as por capítulo, elas cheguem a 125. De repente, você se dá conta de que esqueceu de citar um autor importante, o qual não pode permitir-se ignorar – e deveria citá-lo exatamente no começo do capítulo. Cumpre inserir nova nota e alterar toda a numeração até 125!

Quadro 18

A MESMA PÁGINA DO QUADRO 16 REFORMULADA COM O SISTEMA AUTOR-DATA

Chomsky (1965a:162), embora admitindo o princípio da semântica interpretativa de Katz e Fodor (Katz & Fodor, 1963), segundo o qual o significado do enunciado é a soma dos significados de seus constituintes elementares, não renuncia, porém, a reivindicar em todos os casos o primado da estrutura sintática profunda como determinante do significado[1].

Naturalmente, a partir destas primeiras posições, Chomsky chegou a uma posição mais articulada, prenunciada já em suas primeiras obras (Chomsky, 1965a:163), através de discussões de que dá conta em Chomsky, 1970, onde coloca a interpretação semântica a meio caminho entre a estrutura profunda e a estrutura superficial. Outros autores (Lakoff, 1971, por exemplo) tentam construir uma semântica gerativa onde a forma lógico-semântica do enunciado gera a própria estrutura sintática (cf. também McCawley, 1971).

---

1. Para uma boa visão panorâmica dessa tendência, ver Ruwet, 1967.

Quadro 19

EXEMPLO DE BIBLIOGRAFIA CORRESPONDENTE COM O SISTEMA AUTOR-DATA

CHOMSKY, Noam
1965a *Aspects of a Theory of Syntax*, Cambridge, M.I.T. Press, pp. XX-252 (trad. it. in Chomsky, N., *Saggi Linguistici* 2, Turim, Boringhieri, 1970).
1965b "De quelques constantes de la théorie linguistique", *Diogène* 51 (trad. it. in VVAA, *I problemi attuali della linguistica*, Milão, Bompiani, 1968).
1970 "Deep Structure, Surface Structure and Semantic Interpretation", in Jakobson, Roman, org., *Studies in Oriental and General Linguistics*, Tóquio, TEC Corporation for Language and Educational Research, pp. 52-91; ou in Steinberg & Jakobovits, 1971, pp. 183-216.

KATZ, Jerrold J. & FODOR, Jerry A.
1963 "The Structure of a Semantic Theory", *Language* 39 (ou in Katz, J. J. & Fodor, J. A., *The Structure of Language*, Englewood Cliffs, Prentice-Hall, 1964, pp. 479-518).

LAKOFF, George.
1971 "On Generative Semantics." In: Steinberg & Jakobovits, 1971, pp. 232-296.

A REDAÇÃO 167

MCCAWLEY, James.
1971 "Where do Noun Phrases Come From?" In: Steinberg & Jakobovits, 1971, pp. 217-231.

RUWET, Nicolas.
1967 *Introduction à La grammaire générative.* Paris, Plon, pp. 452.

STEINBERG, D.D. & JAKOBOVITS, L.A., orgs.
1971 *Semantics: An Interdisciplinary Reader in Philosophy, Linguistics and Psychology,* Cambridge, Cambridge University Press, pp. x-604.

Com o sistema autor-data esse problema não existe: você insere no texto parênteses com nome e data, pura e simplesmente, e depois acrescenta o item à bibliografia geral (à mão ou rebatendo uma só página).

Mas não é preciso chegar à tese já datilografada: acrescentar notas ainda na fase de redação já coloca desagradáveis problemas de renumeração, inexistentes com o sistema autor-data.

Se ele for reservado a teses bibliograficamente muito homogêneas, a bibliografia final pode também valer-se de múltiplas abreviaturas no que diz respeito a revistas, manuais ou atas. Aqui vão dois exemplos de bibliografias, uma de ciência natural, outra de medicina:

MESNIL, F. 1896. *Etudes de morphologie externe chez les Annelides.* Bull. Sci. France. Belg., 29:110-287.
ADLER, P. 1958. *Studies on the Eruption of the Permanent Teeth.* Acta Genet. et Statist. Med., 8:78:94.

Não me pergunte o que isso quer dizer. O princípio é que quem lê esse tipo de publicação sabe do que se trata.

5.5. ADVERTÊNCIAS, ARMADILHAS, USOS

Inúmeros são os artifícios usados num trabalho científico e inúmeras são as armadilhas em que se pode cair. Nos limites deste breve estudo, limitamo-nos a fornecer, sem ordem predeterminada, uma série de advertências que não exaurem o "mar dos Sargaços" que é necessário atravessar durante a redação da tese. Essas breves advertências servirão apenas para tornar o leitor consciente de uma vasta quantidade de outros perigos que terá de descobrir sozinho.

Não forneça referências e fontes para noções de conhecimento geral. Ninguém pensaria em escrever "Napoleão que, como informa Ludwig, morreu em Santa Helena", mas ingenuidades desse tipo não são raras. É fácil deixar escapar "o tear mecânico que, como disse Marx, assinalou o advento da revolução industrial", quando se trata de uma noção universalmente aceita, mesmo antes de Marx.

Não atribua a um autor uma ideia que ele apresenta como de outro. Não só porque você dará a impressão de haver se servido inconscientemente de uma fonte de segunda mão, mas porque aquele autor pode ter transmitido a ideia sem tê-la aceitado. Num pequeno manual que escrevi sobre os signos, forneci, entre as várias classificações possíveis, a que divide os signos em expressivos e comunicativos, e num trabalho universitário achei escrito que "segundo Eco, os signos se dividem em expressivos e comunicativos": ora, eu sempre fui avesso a essa subdivisão e a citei por mera objetividade, sem perfilhá-la.

Não acrescente ou corte notas apenas para acertar a numeração. Pode suceder que, após datilografada a tese (ou mesmo após redigi-la de modo legível para a datilógrafa), tenha de eliminar uma nota equivocada ou acrescentar outra a todo custo. Nesse caso, toda a numeração ficaria errada e tanto melhor se tiver sido feita capítulo por capítulo e não do princípio até o fim da tese (uma coisa é corrigir de um a dez e outra de um a cento e cinquenta). Você se sentiria tentado, para evitar mudar todos os números, a inserir uma nota de compensação ou a eliminar uma. Muito humano. Mas seria melhor acrescentar signos adicionais como $^{\circ}$, $^{\circ\circ}$, +, ++, *a, b* etc. Certo, isso parece precário e algum orientador poderia não gostar. Assim, se estiver disposto, refaça toda a numeração.

Há um método para citar a partir de fontes de segunda mão, observando-se as regras de correção científica. É sempre melhor não citar fontes de segunda mão, mas às vezes isso é inevitável. Há quem aconselhe dois sistemas. Suponhamos que Sedanelli cite, de Smith, a afirmação de que "a linguagem das abelhas é traduzível em termos de gramática transformacional". Primeiro caso: interessa-nos acentuar o fato de que Sedanelli se responsabiliza por essa afirmação; então diremos, em nota, em fórmula pouco elegante:

A REDAÇÃO

1. C. Sedanelli, *Il linguaggio delle api,* Milano, Gastaldi, 1967, p. 45 (transcreve C. Smith, *Chomsky and Bees,* Chattanooga, Vallechiara Press, 1966, p. 56).

Segundo caso: interessa-nos esclarecer o fato de que a afirmação é de Smith e só citamos Sedanelli para ficar com a consciência tranquila de que estamos nos servindo de fonte de segunda mão; escreveremos então em nota:

1. C. Smith, *Chomsky and Bees,* Chattanooga, Vallechiara Press, 1966, p. 56 (citado por C. Sedanelli, *Il linguaggio delle api,* Milano, Gastaldi, 1967, p. 45).

Dar sempre informações precisas sobre edições críticas, revisões e similares. Precisar se uma edição é crítica e organizada por quem. Precisar se uma segunda ou enésima edição é revista, aumentada e corrigida, do contrário pode suceder atribuir-se a um autor opiniões que ele só expressou na edição revista de 1970 de uma obra escrita em 1940, quando talvez certas descobertas não tinham ainda sido feitas.

Cuidado ao citar um autor antigo de fontes estrangeiras. Culturas diversas dão nomes diferentes à mesma personagem. Os franceses dizem Pierre d'Espagne, mas nós não dizemos Pietro di Spagna e sim Pietro Ispano (Pedro Hispano). Dizem Scot Erigène e nós dizemos Scoto Eriugena (Escoto Erigeno). Se se encontrar em inglês Nicholas of Cues, trata-se de Niccolò Cusano (Nicolau de Cusa) – naturalmente, tal como se saberá com certeza reconhecer personagens como Petrarque, Petrarch, Michel-Ange, Vinci, Boccace. Robert Grosseteste é, na Itália, Roberto Grossatesta. Albert Le Grand ou Albert the Great são Alberto Magno. Um misterioso Aquinas é San Tomaso d'Aquino (Tomás de Aquino). Aquele que, para os ingleses e alemães, é Anselm de (of, von) Canterbury é nosso Anselmo d'Aosta (Santo Anselmo). Nunca fale de dois pintores a propósito de Roger van der Wayden e Rogier de la Pasture, pois são uma só pessoa. E, é claro, Giove é Júpiter. Atenção especial na transcrição de nomes russos a partir de fontes francesas: não haverá problema em escrever Staline ou Lenine, mas se terá vontade de copiar Ouspensky, quando se translitera hoje em dia Uspenski. O mesmo vale para as cidades: Den Haag, The Hague e La Haye são L'Aja (Haia).

Como aprender todas essas coisas, que são centenas e centenas? Lendo, sobre um mesmo tema, vários textos em línguas diversas. Fazendo parte do "clube". Qualquer rapazola sabe que Satchmo é Louis Armstrong e qualquer cinéfilo sabe que Carlitos é Charles Chaplin. Quem ignora coisas assim faz figura de quem chegou por último, de provinciano. No caso de uma tese (como aquela em que o candidato, após folhear uma fonte secundária qualquer, analisava as relações entre Arouet e Voltaire), em vez de "provinciano" diz-se "ignorante".

Decida como formar os adjetivos a partir dos nomes próprios estrangeiros. Se escrever "voltairiano" terá de escrever "rimbaudiano". É tradicional a forma "cartesiano" em lugar de "descartesiano".

Cuidado quando encontrar números em livros em inglês. Num livro americano, 2,625 significa dois mil seiscentos e vinte e cinco, e 2.25 significa dois vírgula vinte e cinco.

Os italianos escrevem Cinquecento, Settecento, Novecento quando em português escrevemos século XVI, século XVIII, século XX. Mas se um livro francês ou inglês fala em "Quattrocento", em italiano, está se referindo a um período preciso da cultura *italiana* e geralmente florentina. Nada de estabelecer equivalências fáceis entre termos de línguas diferentes. A "renaissance" em inglês cobre um período diferente do renascimento italiano, incluindo também autores do século XVII. Termos como "mannerism" ou "Manierismus" são enganosos, não se referindo, por exemplo, ao que a história da arte italiana chama de "manierismo" [em português, "maneirismo"].

Agradecimentos – Se alguém, além do orientador, o tiver ajudado com conselhos orais, empréstimo de livros raros ou com apoio de qualquer outro gênero, é costume inserir no começo ou no fim da tese uma nota de agradecimento. Isso serve também para mostrar que você batalhou, consultando muita gente. É de mau gosto agradecer demasiado ao orientador. Se o ajudou, fê-lo, em parte, por obrigação.

Pode ocorrer-lhe agradecer ou declarar seu débito para com um estudioso que seu orientador odeia, abomina e despreza. Grave incidente acadêmico. Mas a culpa cabe inteiramente a você. Deve confiar no orientador, que lhe dissera ser aquele sujeito um imbecil (razão pela qual não o deveria ter consultado). Mas pode suceder que esse orientador seja uma pessoa aberta, que aceita o

A REDAÇÃO 171

fato de seu aluno recorrer até mesmo a fontes de que ele discorde e, nesse caso, jamais fará desse fato matéria de discussões durante a defesa da tese. Ou, então, não se deve descartar a eventualidade de ser ele um velho rabugento, lívido e dogmático – pessoa que jamais se deveria ter escolhido para orientador.

Se, porém, quiser fazer mesmo a tese com ele porque, apesar de seus defeitos, lhe parece um bom protetor, então seja coerentemente desonesto, não cite o outro, pois optou por ser da mesma estirpe que o mestre.

5.6. O ORGULHO CIENTÍFICO

Em 4.2.4. falamos da humildade científica, que diz respeito ao método de pesquisa e leitura de textos. Falemos agora do orgulho científico, que se refere à coragem durante a redação da tese.

Não existe nada mais irritante do que aquelas teses (coisa que também sucede a muitos livros impressos) em que o autor adianta continuamente *excusationes non petitae:*

Não estamos à altura de afrontar tal assunto, mas arriscaremos a hipótese...

Como não está à altura? Dedicou-se meses, às vezes anos, ao tema escolhido, leu talvez tudo o que era preciso ler sobre ele, meditou, tomou notas, e vem agora com essa conversa de não estar à altura? Mas que diabo esteve fazendo todo esse tempo? Se não se sentia qualificado, não apresentasse a tese. Se a apresentou, é porque se sentia preparado e, em qualquer caso, não tem direito a desculpas. Assim, uma vez expostas as opiniões alheias, uma vez expressas as dificuldades, uma vez esclarecido se sobre determinado tema são possíveis respostas alternativas, vá *em frente.* Diga tranquilamente: "julgamos que" ou "pode-se concluir que". Ao falar, *você* é a autoridade. Se for descoberto que é um *charlatão,* pior para você, mas não tem o direito de hesitar. Você tem o papel de funcionário da humanidade, falando em nome da coletividade sobre aquele assunto. Seja modesto e prudente antes de abrir a boca, mas, depois de abri-la, seja arrogante e orgulhoso.

Fazer uma tese sobre o tema x significa presumir que até então ninguém tivesse dito nada de tão completo e claro sobre o assunto. O presente livro lhe ensinou que você deve ser cauteloso ao escolher o tema, ser suficientemente perspicaz para optar por algo limitado, talvez muito fácil, talvez ignobilmente setorial. Mas, sobre o que escolheu, nem que tenha por título *Variações na Venda de Jornais na Esquina da Via Pisacane e Via Gustavo Modena de 24 a 28 de Agosto de 1976,* você deve ser a *máxima autoridade viva.*

Mesmo que tenha escolhido uma tese de compilação, que resuma tudo quanto foi dito sobre o assunto sem nada acrescentar de novo, você é uma autoridade sobre o que foi dito por outras autoridades. Ninguém deve conhecer melhor tudo o que foi dito a respeito.

Naturalmente, você deve trabalhar de maneira a não atentar contra a consciência. Mas isso é outra coisa. A questão aqui é de estilo. Não seja choramingas e complexado. Isso aborrece.

6. A Redação Definitiva

Atenção: o capítulo seguinte não foi composto em tipografia, mas datilografado. Apresenta-lhe um modelo de redação definitiva da tese. Existem ainda erros e correções, pois ninguém é perfeito.

A redação definitiva comporta dois momentos: a redação final e a cópia à máquina.

Aparentemente, a redação final cabe a você, é um problema conceptual, enquanto a cópia pode ser confiada a um profissional, é trabalho manual. Mas as coisas não são bem assim. Dar forma datilografada a uma tese significa também fazer algumas escolhas de método. Se a datilógrafa o faz por você, conforme seus próprios critérios, isso não impede que a tese apresente um método gráfico--expositivo com repercussões sobre o conteúdo. Mas se, conforme é esperado, tal escolha for feita por você mesmo, não importa o tipo de exposição adotado (manuscrito, à máquina com dois dedos, ou – horror! – em gravação), ela deve já conter as instruções gráficas para a datilógrafa.

Eis por que, neste capítulo, se encontrará recomendações gráficas que implicam tanto uma ordem conceptual quanto uma "fachada comunicativa" da tese.

Até porque não afirmamos que se deva necessariamente entregar a tese a uma datilógrafa. Você poderá fazer o trabalho pessoalmente, em especial quando se tratar de obra que exija convenções gráficas especiais. Além de tudo, pode suceder que você seja capaz de bater sozinho uma primeira versão, deixando à datilógrafa a incumbência de refazer mais caprichadamente aquilo que lhe foi entregue já esquematizado até sob o ponto de vista datilográfico.

O problema é se você sabe ou pode datilografar. De resto, uma máquina portátil de segunda mão, às vezes, custa menos do que o trabalho da datilógrafa.

VI. A REDAÇÃO DEFINITIVA

VI.1. *Os critérios gráficos*

VI.1.1. Margens e espacejamento

Este capítulo começa com o título em MAIÚSCULAS, alinhado à esquerda (mas poderia ser *centralizado*, isto é, aparecer no meio da página). O capítulo leva um número de ordem; no presente caso, em algarismos romanos (depois veremos as possíveis alternativas).

Após três ou quatro linhas em branco aparece, alinhado à esquerda e *sublinhado*, o título do parágrafo, que tem o número ordinal do capítulo e o número cardinal que o distingue. Vem, a seguir, o título do subparágrafo, duas linhas abaixo (ou a dois espaços): o título do subparágrafo não é sublinhado, para distingui-lo do parágrafo. O texto começa três linhas abaixo do próprio título, e a primeira palavra com entrada equivalente a dois ou mais toques. Pode-se dar entrada no início do parágrafo ou no de cada período que forme sentido completo (que também recebe o nome de parágrafo). É o que estamos fazendo aqui.

A entrada no início de cada período de sentido completo é importante por permitir compreender logo que o anterior terminou e que o discurso vai ser retomado após uma pausa. Como já vimos, é conveniente abrir parágrafo com frequência, mas não aleatoriamente. Um parágrafo significa que um período contínuo, composto de várias frases, chegou organicamente ao seu termo e que se inicia uma parte do discurso. É como se, ao falar, nos interrompêssemos a dada altura para dizer: "Compreendeu? De acordo? Então continuemos". Estando todos de acordo, abre-se novo parágrafo e se vai em frente, exatamente como estamos fazendo agora.

Findo o parágrafo, deixa-se entre a última linha e o título do novo parágrafo ou subparágrafo outras três linhas (*espaço três*).

Esta página está datilografada em *espaço dois*. Muitas teses o são em *espaço três*, pois isso as faz mais legíveis, dá-lhes aparência mais volumosa, torna mais fácil substituir uma página a refazer. No caso de teses escritas em espaço três, a distância entre o título de capítulo, título de parágrafo e outras eventuais titulações aumenta de uma linha.

Se a tese for datilografada por um profissional, ele sabe que é necessário deixar margem dos quatro lados. Se você mesmo for datilografar a tese, considere que as páginas serão encadernadas de qualquer maneira e que por isso deverão permanecer legíveis do lado em que forem coladas ou grampeadas. Recomenda-se também um certo espaço à direita.

Este capítulo sobre critérios gráficos, repetimos, não está em caracteres tipográficos, mas reproduz em compatibilidade com o formato deste livro as páginas datilografadas de uma tese. Trata-se, portanto, de um capítulo que, enquanto fala de sua tese, *fala também de si mesmo*. Sublinham-se aqui certos termos para mostrar como e quando eles devem ser destacados, inserem-se notas para mostrar como devem ser inseridas, subdividem-se capítulos e parágrafos para evidenciar o critério de subdivisão de capítulos, parágrafos e subparágrafos.

VI.1.2. Quando sublinhar e usar maiúsculas

A máquina de escrever comum não possui caracteres em grifo, apenas redondos. Por isso, aquilo que nos livros aparece em

A REDAÇÃO DEFINITIVA 177

grifo vem *sublinhado* na tese. Se a tese fosse um trabalho datilografado para publicar, o tipógrafo comporia em grifo todas as palavras sublinhadas*.

O que se sublinha? Depende do tipo de tese, mas em geral os critérios são os seguintes:

1. palavras estrangeiras de uso pouco comum (não se sublinham as aportuguesadas ou de uso corrente: chance, reprise); numa tese sobre astronáutica, não se sublinham palavras comuns naquele âmbito, como splash down;
2. nomes científicos como *felis cactus, euglena viridis, clerus apivorus;*
3. termos técnicos que se queira acentuar: "o método de *carotagem* nos procedimentos de prospecção petrolífera...";
4. frases inteiras (desde que não muito longas) que constituam o enunciado de uma tese ou sua demonstração conclusiva: "queremos, pois, demonstrar que *processaram profundas mudanças na definição das doenças mentais";*
5. títulos de livros (não de capítulos ou de ensaios de revistas);
6. títulos de poesias, obras teatrais, quadros e esculturas: "Lucia Vaina-Pusca se refere a *Knowledge and Belief* de Hintikka para demonstrar, em seu ensaio 'La Théorie des mondes possibles dans l'étude des textes – Baudelaire lecteur de Brueghel', que a poesia *Les Aveugles* de Baudelaire se inspira na *Parábola dos Cegos* de Brueghel";
7. títulos de jornais e semanários: "veja o artigo 'E Depois das Eleições?' publicado pelo *L'Expresso* em 24 de junho de 1976";
8. títulos de filmes, canções e óperas.

Atenção: *não sublinhe as citações de outros autores*, às quais se aplicam as regras enunciadas em 5.3.; não sublinhe também trechos acima de duas ou três linhas: sublinhar muito é como gritar "fogo" a todo instante, ninguém mais dá atenção. O ato de sublinhar deve corresponder sempre àquela entonação especial que você daria à voz se lesse o texto; deve chamar a atenção do seu destinatário mesmo que, por acaso, ele estivesse distraído.

* Como foi feito ao longo de todo este capítulo (N. da E.).

Em muitos livros, ao lado dos grifos (isto é, dos sublinhados), utiliza-se também o versalete, que é uma maiúscula em corpo menor do que o usado no início da frase ou para nomes próprios. A máquina de escrever não possui versalete, mas você pode usar (*com muita parcimônia!*) as maiúsculas para *palavras isoladas* de particular importância técnica. Nesse caso, você escreverá em MAIÚSCULAS as palavras-chave do trabalho e sublinhará as frases ou palavras estrangeiras e os títulos. Exemplo:

Hjelmslev chama FUNÇÃO SÍGNICA à correlação entre os dois FUNTIVOS pertencentes aos dois planos, de outra forma independentes, da EXPRESSÃO e do CONTEÚDO. Essa definição *põe em causa a noção de signo como entidade autônoma.*

Fique claro que toda vez que você introduzir um termo técnico em versalete (o que vale também para o método do sublinhar), o termo introduzido em versalete *deve ser definido imediatamente antes ou imediatamente depois.* Não use versalete por motivos enfáticos ("o que descobrimos nos parece DECISIVO para a finalidade do nosso discurso"). Em geral, jamais enfatize de forma alguma, não use ponto de exclamação nem reticências (a não ser para indicar a interrupção de um texto citado). Pontos de exclamação, reticências e maiúsculas em termos não técnicos são próprios de escritores diletantes e só aparecem em edições do autor.

VI.1.3. Parágrafo

Um parágrafo pode ter subparágrafos, como neste capítulo. Se o título do parágrafo estiver sublinhado, o do subparágrafo se distinguirá por não sê-lo, e isso bastará, mesmo sendo a distância entre ele e o texto a mesma. Por outro lado, como se pode ver, para distinguir o parágrafo do subparágrafo intervém a numeração. O leitor percebe muito bem que o algarismo romano indica o capítulo, o primeiro algarismo arábico o parágrafo e o segundo o subparágrafo.
IV.1.1. Parágrafos — Repete-se aqui o título do subparágrafo para mostrar um outro sistema: o título faz parte do corpo do parágrafo e é *sublinhado.* Esse sistema é ótimo,

A REDAÇÃO DEFINITIVA 179

salvo que o impede de usar idêntico artifício para uma ulterior subdivisão dos subparágrafos, coisa que às vezes é útil (como veremos neste mesmo capítulo).

Poder-se-ia usar um sistema de numeração sem títulos. Eis como o subparágrafo que você está lendo poderia ter sido introduzido:

IV.1.1. O texto começaria logo depois dos números e toda a linha ficaria separada do parágrafo anterior por dois espaços. Contudo, a presença de títulos não só ajuda o leitor como estabelece uma exigência de coerência ao autor, obrigando-o a definir com um título (e, portanto, a justificar com a relevância de uma questão essencial) o parágrafo em questão. O título demonstra que o parágrafo tinha uma razão de ser enquanto parágrafo.

Com títulos ou sem eles, os números que assinalam capítulos e parágrafos podem ser de natureza diversa. Remetemo-lo ao parágrafo VI.4., "O índice", no qual você encontrará alguns modelos de numeração. Mandamo-lo para lá porque a organização do índice *deve* refletir com exatidão a organização do texto e vice-versa.

VI.1.4. Aspas e outros sinais

As aspas duplas (também chamadas *inglesas*) são usadas nos seguintes casos:

a. citações de frase ou breve período de outro autor no corpo do parágrafo, como faremos agora, recordando que, segundo Campbell e Ballou, "as citações diretas que não ultrapassarem as três linhas datilografadas aparecem entre aspas duplas, e no texto"[1];
b. citações de palavras isoladas de outro autor, como fazemos agora recordando que, segundo os citados Campbell e Ballou, nossas aspas duplas se chamam "quotation marks" (mas, como se trata de palavras estrangeiras, poderíamos

---

1 W.G. Campbell e S.B. Ballou, *Form and Style - Theses, Reports, Term Papers,* 4a. ed., Boston, Houghton Mifflin, 1974, p. 40.

até escrever *"quotation marks"*). Decorre que, se aceitarmos a terminologia de nossos autores e adotarmos esse termo técnico, não escreveremos mais "quotation marks", mas *quotation marks*, ou mesmo, num tratado sobre os usos tipográficos anglo-saxões, QUOTATION MARKS (porque aqui se trata de termo técnico que constitui uma das categorias do nosso trabalho);

c. termos de uso comum ou de outros autores a quem desejamos atribuir a conotação de "assim chamado". Ou seja, escreveremos que o que a estética idealista chamava "poesia" não tinha a mesma extensão que o termo técnico POESIA assume no catálogo de uma editora, por oposição a PROSA e ENSAÍSTICA. Analogamente, diremos que a noção hjelmsleviana de FUNÇÃO SÍGNICA põe em causa a noção corrente de "signo". Não aconselhamos o uso de aspas para enfatizar um termo, como querem alguns, porque nesse caso basta *sublinhar* ou recorrer às aspas 'simples';

d. citações de falas de peças teatrais. Pode-se dizer que Hamlet pronuncia a fala "Ser ou não ser? Eis a questão", mas eu aconselharia a escrever, na transcrição de um trecho teatral:

Hamlet – Ser ou não ser? Eis a questão.

A menos que a literatura crítica específica a que se recorre use tradicionalmente outro sistema.

Como fazer para citar num texto de outrem entre aspas um outro texto também entre aspas? Usam-se as *aspas simples*, como ao dizer que, segundo Smith, "a célebre fala 'Ser ou não ser' tornou-se o cavalo de batalha de todos os intérpretes shakespearianos".

E se Smith disse que Brown disse que Wolfram disse algo? Há quem resolva esse problema escrevendo que, segundo a conhecida afirmação de Smith, "todos aqueles que se referem a Brown quando afirma 'refutar o princípio de Wolfram, para quem «o ser e o não ser coincidem»', incorrem num erro injustificável". Mas se consultarmos 5.3.1. (regra 8) veremos que, se a citação de Smith vier em *corpo menor, com entrada*, não será necessário recorrer às aspas angulares, bastando as duplas e simples.

A REDAÇÃO DEFINITIVA 181

Todavia, no exemplo anterior, encontramos também as chamadas aspas «angulares», *sargento* ou italianas.

Raramente são usadas, mesmo porque a máquina de escrever não as possui. Num texto meu vi-me obrigado a usá-las porque, empregando aspas duplas para citações breves e para conotações de "assim chamado", tinha que distinguir o uso de um termo enquanto significante (pondo-o /entre barras/) e o uso de um termo enquanto «significado». Disse assim, então, que a palavra/cão/significa «animal carnívoro quadrúpede etc.» Trata-se, porém de um caso raro, no qual você precisa tomar uma decisão de acordo com a literatura crítica com a qual trabalha, utilizando depois a caneta para corrigir a página datilografada, tal como acabei de fazer.

Temas específicos requerem outros sinais, e não é possível dar instruções de ordem geral. Para certas teses de lógica, matemática ou línguas não europeias, na falta de máquinas eletrônicas especializadas em que você poderá inserir diferentes alfabetos, só resta escrever à mão, tarefa certamente cansativa. Nos casos, porém, em que se deve escrever uma fórmula (ou uma palavra grega ou russa) *una tantum*, além de escrevê-la à mão existe ainda outra possibilidade: tratando-se do alfabeto grego ou cirílico, pode-se *transliterar* a palavra segundo critérios internacionais (ver quadro 20); enquanto no caso de fórmulas lógico-matemáticas, existem frequentemente grafemas alternativos que a máquina pode produzir. Você deve, é claro, informar-se com o orientador sobre a possibilidade de fazer tais substituições ou consultar a literatura sobre o tema.

Mas, à guisa de exemplo, vejamos uma série de expressões lógicas (à esquerda) que podem ser transcritas com menos esforço na forma à direita:

P⊃q	torna-se	p→q
p∧q	"	p.q
p∨q	"	p∨q
□P	"	Lp
◊P	torna-se	Mp
~P	"	-p
(∀x)	"	(Ax)
(∃x)	"	(Ex)

182

As primeiras cinco substituições seriam também aceitáveis mesmo num trabalho impresso; as últimas três, apenas no âmbito de uma tese datilografada, talvez acompanhadas de uma nota inicial, justificando e esclarecendo sua decisão.

Problemas análogos poderiam existir em teses de linguística, onde um fonema tanto pode ser representado como [b] quanto como /b/.

Em outros tipos de formalização, sistemas de chaves e colchetes podem ser reduzidos a sequências de parênteses simples, pelo que a expressão

{[(p⊃q)∧(q⊃r)]⊃(p⊃r)} pode tornar-se
(((p→q).(q→r))→(p→r)))

Da mesma forma, quem faz uma tese de linguística transformacional sabe que as disjunções em árvore podem ser etiquetadas como parênteses. Mas quem empreende trabalhos do gênero já sabe disso.

VI.1.5. Sinais diacríticos e transliterações

Transliterar significa transcrever um texto adotando um sistema alfabético diferente do original. A transliteração não pretende interpretar foneticamente um texto, mas reproduzir o original letra por letra, de modo que seja possível a qualquer um reconstituir o texto em sua grafia primitiva, mesmo conhecendo apenas os dois alfabetos.

Recorre-se à transliteração para a maioria dos nomes históricos e geográficos, como também para as palavras que não possuam correspondência em nossa língua.

Os sinais diacríticos são sinais que se acrescentam às letras normais do alfabeto para dar-lhes um particular valor fonético. São, pois, sinais diacríticos os nossos acentos comuns (por exemplo, o acento agudo "′" dá ao "e" final da palavra "pé" uma pronúncia aberta), bem como a cedilha, o til e também o trema alemão de "ü", e os sinais menos conhecidos de outros *alfabetos*: o "č" russo, o "ø" dinamarquês, "ł" polonês etc.

Numa tese que não seja de literatura polonesa, você poderá, por exemplo, eliminar a barra do l: em vez de escrever

A REDAÇÃO DEFINITIVA 183

"Łodz", escreverá "Lodz", como fazem os jornais. Mas, para as línguas latinas, as exigências costumam ser maiores. Vejamos alguns casos.

Respeitamos, em qualquer livro, o uso de todos os sinais particulares do alfabeto francês. Eles possuem todos uma tecla correspondente, *para as minúsculas*, nas máquinas de escrever comuns. *Para as maiúsculas*, escrevemos *Ça ira*, mas *Ecole*, não *École, A la recherche*, não *À la recherche...*, porque, em francês, mesmo em tipografia, não se acentuam as maiúsculas.

Respeitamos sempre, *quer para as minúsculas*, *quer para as maiúsculas*, o uso dos três sinais particulares do alfabeto alemão: ä, ö, ü. E escrevemos sempre ü, não ue (Führer, *não* Fuehrer).

Respeitamos, em qualquer livro, *tanto para as minúsculas como para as maiúsculas*, o uso dos sinais particulares do alfabeto espanhol: as vogais com acento agudo e o n com til: ñ.

Quanto às outras línguas, é preciso decidir caso por caso, e, como sempre, a solução será diferente conforme seja citada uma palavra isolada ou se faça a tese sobre essa língua específica. Para casos isolados, pode-se recorrer às convenções adotadas pelos jornais ou pelos livros não científicos. A letra dinamarquesa å aparece às vezes como aa, o ý tcheco como y, o ł polonês como *l*, e assim por diante.

No quadro 20, damos as regras de transcrição diacrítica dos alfabetos grego (que pode ser transliterado em teses de filosofia) e cirílico (que serve para o russo e outras línguas eslavas, naturalmente em teses que não sejam de eslavística).

Quadros 20
COMO TRANSLITERAR ALFABETOS NÃO LATINOS

ALFABETO RUSSO

maiúsculas	minúsculas	transl.
А	а	a
Б	б	b
В	в	v
Г	г	g (gu)
Д	д	d
Е	е	e
Ё	ё	Io
Ж	ж	j
З	з	z
И	и	i
Й	й	ii
К	к	k
Л	л	l
М	м	m
Н	н	n
О	о	o
П	п	p
Р	р	r
С	с	s, ss
Т	т	t
У	у	u
Ф	ф	f
Х	х	kh
Ц	ц	ts
Ч	ч	tch
Ш	ш	sch
Щ	щ	chtch
Ы	ы	y
Ь	ь	′
Э	э	e
Ю	ю	Iu
Я	я	Ia

A REDAÇÃO DEFINITIVA

ALFABETO grego antigo

maiúsculas	minúsculas	transl.
A	α	a
B	β	b
Γ	γ	g(u)
Δ	δ	d
E	ε	e
Z	ζ	z
H	η	e ou h
Θ	θ	th
I	ι	i(j)
K	κ	c(k)
Λ	λ	l
M	μ	m
N	ν	n
Ξ	ξ	x(ks)
O	ο	o
Π	π	p
P	ρ	r(rh)
Σ	ς, σ	s
T	τ	t
Y	υ	u(y)
Φ	φ	ph(f)
X	χ	kh
Ψ	ψ	ps
Ω	ω	ō

Observação: γγ = ng(u)
γκ = nc(k)
γξ = nx(ks)
γχ = nkh

186

VI.1.6. Pontuação, acentos, abreviaturas

Mesmo entre as grandes editoras existem diferenças no uso dos sinais de pontuação e no modo de colocar aspas, notas e acentos. De uma tese exige-se uma precisão menor que a exigida de um material datilografado pronto para a composição. De qualquer forma, é conveniente estar informado sobre tais critérios e, na medida do possível, aplicá-los. Como orientação, damos aqui as instruções fornecidas pelo editor do presente livro, advertindo que outros editores discordam de alguns desses critérios. Porém, o que conta não é tanto o critério, mas a coerência de sua aplicação.

O ponto e a vírgula. Após citações entre aspas, o ponto e a vírgula ficam sempre *dentro* destas, *desde que estas encerrem um discurso completo.* Diremos, portanto, que Smith, a propósito da teoria de Wolfram, indaga se devemos aceitar sua opinião de que "O ser é idêntico ao não ser, qualquer que seja o ponto de vista considerado." Como se vê, o ponto final está dentro das aspas, pois a citação de Wolfram terminara também com um ponto. Ao contrário, diremos que Smith não concorda com Wolfram quando afirma que "o ser é idêntico ao não ser". Colocamos o ponto após a citação porque esta constitui apenas um trecho do período citado. O mesmo se dá com a vírgula: diremos que Smith, após citar a opinião de Wolfram, para quem "o ser é idêntico ao não ser", a refuta excelentemente. Mas faremos de modo diferente ao citar, por exemplo, uma fala como esta: "Não penso mesmo," disse, "que isso seja possível". Recorde-se também que não se usa a vírgula antes da abertura de parênteses. Portanto, *não escreva* "amava as palavras matizadas, os sons perfumados, (ideia simbolista), as sensações aveludadas", mas "amava as palavras matizadas, os sons perfumados (ideia simbolista), as sensações aveludadas".

Chamadas de notas. A chamada de nota vai antes do sinal de interpontuação. Escrevemos:

O trabalho mais satisfatório sobre o tema, depois do de Vulpius[2], é o de Krahehenbuel[3].

---

2 Por exigência de precisão, fazemos a nota corresponder à chamada. Mas trata-se de autor imaginário.
3 Autor imaginário.

A REDAÇÃO DEFINITIVA   187

Este último não satisfaz a todas as exigências que Popper chama de "limpidez"[4], mas foi definido por Grumpz[5] como "um modelo de perfeição".

Acentos. Acentuam-se as proparoxítonas (quilômetro, lícito), as oxítonas e monossílabas tônicas (lá, pé, pôs), as paroxítonas em *n* (cânon, hífen) etc.

Lembre-se de que o E maiúsculo inicial de uma palavra francesa nunca se acentua (Ecole, Etudiant, Edition, e não École, Étudiant, Édition).

Quanto às palavras espanholas, *só* recebem *acento agudo:* Hernández, García Lorca, Verón.

4 Autor imaginário.
5 Autor imaginário.

Quadro 21: ABREVIATURAS MAIS USUAIS PARA UTILIZAR EM NOTA OU EM TEXTO

Anon. Anônimo

art. artigo (não para artigos de jornal, mas para artigos de leis e similares)

l. livro (por exemplo, vol. I, t. 1, l. I)

cap. capítulo, plural caps. (por vezes também c., mas em certos casos c. quer dizer coluna)

col. coluna, plural coll. (ou c.)

cf. confrontar, ver também, referir-se a

ed. edição (primeira, segunda; mas em bibliografias inglesas ed. quer dizer organizador, editor, plural eds.)

e.g. (nos textos ingleses) exempli gratia, por exemplo

p. ex. por exemplo

fig. figura, plural figs.

fl. folha, também fol., foll. ou f. e ff.

ibid. ou também ibidem, no mesmo lugar (isto é, mesma obra e mesma página; se for a mesma obra, mas não a mesma página, então é op. cit., seguido da pág.)

i.e. (nos textos ingleses) id est, isto é, quer dizer

infra ver abaixo

loc. cit. lugar citado

MS manuscrito, plural MSS

NB note bem

n. nota (ex.: ver ou cf. n. 3).

NS Nova Série

n.º número (por vezes também n.), mas pode-se evitar escrevendo só o número

op. cit. obra já citada anteriormente pelo mesmo autor

passim aqui e ali (quando não nos referimos a uma página precisa porque o conceito é tratado pelo autor em toda a obra).

p. página, também pág. plural pp. e págs.

par. parágrafo (também §)

pseud. pseudônimo, quando a atribuição a um autor é discutível escreve-se pseudo

f e v	frente e verso (página ímpar e página par)
s.d.	sem data (de edição)
s.l.	sem local (de edição)
seg.	seguinte, também s., plural ss. (ex.: p. 34 e ss.)
sec.	seção
sic	assim (escrito assim mesmo pelo autor que estou a citar; pode-se usar, quer como medida de prudência, quer como sublinhado irônico no caso de erro significativo)
N. da A.	Nota do autor (habitualmente entre [colchetes] ou (parênteses))
N. da T.	Nota do tradutor (habitualmente entre [colchetes] ou (parênteses))
q.	quadro
tab.	tabela
tr.	tradução, também trad. (pode ser seguido do nome da língua, do tradutor ou de ambos)
v.	ver
v.	verso, plural vv (ao se citarem muitos versos, é melhor não utilizar v para ver, mas sim cf.); pode também utilizar-se vs., plural vss., mas atenção para não o confundir com a abreviatura seguinte.
vs.	versus, em oposição a (ex.: branco vs. preto, branco vs preto, branco *vs* preto; mas pode-se também escrever branco/preto).
viz.	(nos textos ingleses) *videlicet*, quer dizer, e precisamente
vol.	volume, plural vols. (vol. significa geralmente um dado volume de uma obra em vários volumes, enquanto vols. significa o número de volumes de que se compõe a obra)

NB. Esta é uma lista das abreviaturas mais comuns. Temas específicos (paleografia, filologia clássica e moderna, lógica, matemática etc.) têm séries de abreviaturas particulares que se poderão aprender lendo a literatura crítica respectiva.

VI.1.7. Alguns conselhos esparsos

Não exagere com as maiúsculas. Certo, você poderá escrever o Amor e o Ódio se estiver examinando duas noções filosóficas precisas num autor antigo; hoje, no entanto, quem fala do Culto à Família só emprega maiúsculas por ironia. Num discurso de antropologia cultural, querendo dissociar sua responsabilidade de um conceito que atribui a outros, escreva, de preferência, "culto à família". Poderá grafar Renascimento e Terciário, embora não esteja errado escrever renascimento e terciário.

Eis alguns exemplos de maiúsculas: Banco da Agricultura, Mercado Comum, América do Norte, Mar Negro, Monte Branco, Magna Carta, Capela Sistina, a Estação Central, Igreja de Santa Catarina, Mosteiro de São Bento, Monsieur Teste, Madame Verdurin. Os italianos costumam escrever piazza Garibaldi e via Roma, mas em outras línguas escreve-se Praça da Liberdade, Place Vendôme e Square Gay-Lussac.

Os substantivos comuns em alemão são escritos com maiúsculas (*Ostpolitik*, *Kulturgeschichte*).

Coloque em minúsculas tudo o que puder, sem comprometer a clareza do texto: os italianos, os ingleses, o doutor, o coronel, a paz de Viena, o prêmio Nobel, o presidente da república, o santo padre, o sul e o norte.

Para usos mais precisos, atenha-se à literatura da disciplina estudada, tomando por modelo os textos publicados nos últimos dez anos.

Feche sempre as aspas que abriu. Parece uma recomendação tola e, no entanto, é este um dos descuidos mais comuns num trabalho datilografado. A citação começa e fica-se sem saber onde acaba.

Não use números em algarismos arábicos em demasia. A advertência não vale, naturalmente, se você fizer uma tese de matemática ou estatística, nem se citar dados e percentuais precisos. Mas, no discurso comum, diga que aquele exército tinha cinquenta mil (e não 50.000) homens, que aquela obra é em três (e não em 3) volumes, a menos que esteja fazendo uma citação bibliográfica do tipo "3 vols.". Diga que os prejuízos aumentaram em dez por cento, que fulano morreu aos sessenta anos, que a cidade distava trinta quilômetros. Ao contrário, use números para datas, que é sempre preferível

A REDAÇÃO DEFINITIVA

serem por extenso: 17 de maio de 1980 e não 17.5.80; mas admite-se abreviar e dizer a guerra de 14-18. Naturalmente, use datas abreviadas para datar toda uma série de documentos, páginas de diário etc.

Você dirá que tal evento se deu às onze e trinta, mas escreve-se que, no decurso da experiência a água subiu 25 cm às 11h30. Dirá: a matrícula número 7535, a casa 30 da Rua Fiori Chiari, a página 114 do livro.

Use algarismos romanos nos locais apropriados: o século XX, Pio XII, a VII frota. Nunca escreva "XII.°", pois os algarismos romanos exprimem sempre os ordinais.

Seja coerente com as siglas. Você pode escrever U.S.A. ou USA, mas se começar com USA continue com PC, RAF, SOS, FBI.

Preste atenção nas citações de títulos de livros e de jornais no texto. Se você quer dizer que uma certa ideia, citação ou observação está no livro chamado *Os Noivos,* existem as seguintes soluções:

a) Como se diz em *Os Noivos...*

b) Como se diz n'*Os Noivos...*

c) Como se diz nos *Noivos...*

Num discurso contínuo de tipo jornalístico a forma (c) é a preferida. A forma (b) é um tanto bizarra. A mais correta é a (a), embora mais cansativa. Direi que se pode usar a forma (c) ao falar de um livro já citado por extenso e a (a) quando o título aparece pela primeira vez, sendo importante saber se ele traz ou não artigo. Em todo caso, escolhida a forma, siga-a sempre. Em se tratando de jornais, preste atenção se o artigo faz ou não parte do título. Diz-se *O Estado de S. Paulo,* mas *Folha da S.Paulo. Il Tempo* é uma revista semanal ao passo que *Il tempo* é um jornal diário.

Não exagere sublinhando inutilmente. Sublinhe as palavras estrangeiras não integradas no nosso léxico, como *splash-down* ou *Einfühlung,* mas não bar, reprise etc. Nunca sublinhe nomes de marcas ou de monumentos célebres: "Os Spitfire voavam sobre a Golden Gate". Habitualmente, os termos filosóficos usados em língua estrangeira, mesmo sublinhados, não se põem no plural, tampouco declinam: "as *Erlebnis* de que fala Husserl", "o universo das várias *Gestalt"*. Mas os termos latinos declinam: "Vamos, pois, ocupar-nos de todos os *subjecta* e não daquele *subjectum* sobre o qual se volta a experiência perceptiva". É melhor evitar essas situações difíceis usando o termo correspondente em nossa língua (costuma-se usar o termo estrangeiro para dar mostras de cultura) ou construindo a frase de maneira diferente.

Use com critério a alternância de ordinais e cardinais, algarismos romanos e arábicos. Tradicionalmente o algarismo romano indica a subdivisão mais importante. Uma indicação como

XIII.3

indica volume décimo terceiro, terceira parte; o canto décimo terceiro, verso 3; ano décimo terceiro, número três. Pode-se também escrever 13.3. e, em geral, a referência é compreendida, mas soaria estranho escrever 3.XIII. Escreva, pois, *Hamlet* III, ii, 28 e todos compreenderão que você está falando do verso vinte e oito da cena segunda do terceiro ato; ou *Hamlet* III, 2,28 (ou *Hamlet* III.2.28), mas não *Hamlet* 3, II, XXVIII. Indique tabela, quadros estatísticos ou mapas como Fig. 1 ou Tab. 4, seja como Fig. I e Tab. IV, mas, por favor, no índice das tabelas e das figuras mantenha o mesmo critério. E, se usar os algarismos romanos para as tabelas, use os arábicos para as figuras, pois assim se compreende com uma simples vista de olhos a que se está referindo.

Releia o trabalho datilografado! Não só para corrigir os erros de datilografia (especialmente as palavras estrangeiras e os nomes próprios), mas também para verificar se os números das notas correspondem, tal como as páginas dos livros citados. Eis algumas coisas que se deve controlar de maneira absoluta:

Páginas: estão numeradas pela ordem?

Remissões internas: correspondem ao capítulo ou à página exatos?

Citações: estão sempre entre aspas, no início e no fim? O uso de elipses, colchetes e entradas é sempre coerente? Todas as citações têm sua própria referência?

Notas: a chamada corresponde ao número da nota? A nota está visivelmente separada do texto? As notas estão numeradas consecutivamente ou existem saltos?

A REDAÇÃO DEFINITIVA 193

Bibliografia: os nomes estão em ordem alfabética? Foi atribuído a algum autor o nome próprio em lugar do sobrenome? Foram mencionados todos os dados requeridos para identificar o livro? Usou-se para alguns títulos um sistema mais rico (por exemplo, número de páginas ou título da série) e para outros não? Distinguem-se os livros dos artigos de revista e dos capítulos de obra maiores? Todas as referências terminam com um ponto final?

VI.2. *A bibliografia final*

O capítulo sobre a bibliografia deveria ser muito longo, muito preciso e rigoroso. Todavia, já tratamos desse assunto pelo menos em dois casos. Em 3.2.3., dissemos como se registram as informações relativas a uma obra, e em 5.4.2. e 5.4.3. referimo-nos à maneira de citar uma obra em nota e de estabelecer as relações entre a citação em nota (ou no texto) e a bibliografia final. Se você consultar esses três parágrafos, encontrará tudo o que precisa para fazer uma bibliografia final.

Em todo caso, digamos que uma tese *deve* ter uma bibliografia final, por minuciosas e precisas que tenham sido as referências em nota. Não se pode obrigar o leitor a procurar página por página a informação que lhe interessa.

Para certas teses, a bibliografia é um acréscimo útil, mas não decisivo, para outras (por exemplo, teses de pesquisas sobre a literatura num dado setor ou sobre todas as obras editadas e inéditas de um determinado autor), a bibliografia pode constituir a parte mais importante. Isso para não falar das teses exclusivamente bibliográficas do tipo *Os Estudos Sobre o Fascismo de 1945 a 1950,* onde obviamente a bibliografia final não é um meio, mas um ponto de chegada.

Só nos resta acrescentar algumas instruções sobre como se pode estruturar uma bibliografia. Tomemos como exemplo uma tese sobre Bertrand Russell. A bibliografia se subdividirá em *Obras de Bertrand Russell* e *Obras Sobre Bertrand Russel* (obviamente, poderá haver também uma seção mais geral de *Obras Sobre a História da Filosofia do Século XX*). As obras de Bertrand Russel serão relacionadas em ordem *cronológica,* enquanto as obras sobre Bertrand Russel o serão em ordem alfabética. A menos que o tema da tese fosse *Os*

194

Estudos Sobre Russell de 1950 a 1960 na Inglaterra,
caso em que também a bibliografia sobre Russel poderia vir
em ordem cronológica.

Se, ao contrário, se fizesse uma tese sobre *Os Católi-
cos e o Aventino*, a bibliografia poderia ter uma divisão do
seguinte tipo: documentos e atas parlamentares, artigos de
jornais e revistas da imprensa católica, artigos e revistas
da imprensa fascista, artigos e revistas de outros setores políticos, obras sobre o acontecimento (e quem sabe uma
seção de obras gerais sobre a história italiana do período).

Como se vê, o problema varia segundo o tipo de tese, e a
questão está em organizar uma bibliografia que permita distinguir e individuar fontes primárias e fontes secundárias,
estudos rigorosos e material mais aceitável etc.

Em definitivo, e à luz de quanto se disse nos capítulos
anteriores, os objetivos de uma bibliografia são: (a) tornar
reconhecível a obra a que nos referimos; (b) facilitar a sua
localização e (c) demonstrar familiaridade com as normas e
os usos da disciplina em que se faz a tese.

Demonstrar familiaridade com a disciplina significa duas
coisas: mostrar que se conhece toda a bibliografia sobre o
tema e seguir os usos bibliográficos da disciplina em questão.
Quanto ao segundo ponto, pode suceder que os usos padroni-
zados sugeridos neste livro não sejam os melhores, e por
isso deve-se tomar como modelo a literatura crítica sobre
o assunto. No que respeita ao segundo ponto, é lícito perguntar se numa bibliografia é necessário pôr apenas as obras
consultadas ou todas aquelas de que se tem conhecimento.

A resposta mais óbvia é que a bibliografia de uma tese
deve conter apenas as obras consultadas, pois qualquer outra
solução seria desonesta. Mas também aqui tudo depende do
tipo de tese. Pode tratar-se de uma pesquisa cujo objetivo é
lançar luz em todos os textos escritos sobre um determinado
tema sem que seja humanamente possível consultar todos eles.
Bastaria, então, que o candidato advertisse *claramente* que
não consultou todas as obras mencionadas na bibliografia e
assinalasse com um asterisco quais as que foram consultadas.

Esse critério, porém, vale para um tema sobre o qual não
exista ainda bibliografias anteriores *completas*, razão pela
qual o trabalho do candidato consistiu em reunir referências dispersas. Se, porventura, já existe uma bibliografia

A REDAÇÃO DEFINITIVA

completa, é melhor remeter a ela e registrar apenas as obras efetivamente consultadas.

Muitas vezes a credibilidade de uma bibliografia é dada por seu título. Pode intitular-se *Referências Bibliográficas, Obras Consultadas, Bibliografia Geral Sobre o Tema X*, e com isso se compreende muito bem como, com base no título, ela deverá estar à altura de satisfazer ou será autorizada a não satisfazer. Não se pode intitular *Bibliografia Sobre a Segunda Guerra Mundial* uma magra coletânea de uns trinta títulos em nossa própria língua. Escreva *Obras Consultadas* e confie em Deus.

Por mais pobre que seja a sua bibliografia, procure pelo menos colocá-la corretamente em ordem alfabética. Há algumas regras para isso: partindo do sobrenome, obviamente (os títulos nobiliárquicos como «de» e «von» não fazem parte do sobrenome, mas o oposto ocorre com as preposições em maiúsculas). Portanto, ponha D'Annuzio em D, mas Ferdinand de Saussure virá como Saussure, Ferdinand de. Escreva De Amicis, Du Bellay, La Fontaine, mas Beethoven, Ludwig van. Também aqui, porém, observe a literatura crítica e atenha-se às suas normas. Por exemplo, para os autores antigos (até o século XIV) cita-se o nome e não o que parece ser o sobrenome, que é, em vez disso, o patronímico ou a indicação do lugar do nascimento.

Para concluir, eis uma divisão-padrão para uma tese genérica:

Fontes

Repertórios bibliográficos

Obras sobre o tema ou sobre o autor (às vezes divididas em livros e artigos)

Materiais adicionais (entrevistas, documentos, declarações).

VI.3. *Os apêndices*

Há teses em que o ou os apêndices são indispensáveis. Uma tese de filologia que discuta um texto raro que se tenha encontrado e transcrito trará esse texto em apêndice, e pode ocorrer que tal apêndice constitua a contribuição mais original de todo o trabalho. Uma tese histórica na qual se faz constantes referências a um dado documento, mesmo já publicado, poderia incluir esse documento em apêndice. Uma tese de direito que discuta uma lei ou um corpo de leis deverá inserir tais leis em apêndice (desde que não façam parte dos códigos de uso corrente e à disposição de qualquer um).

A publicação de um dado material em apêndice evita longas e fastidiosas citações no texto e permite rápidas remissões.

Virão em apêndice tabelas, quadros, diagramas, dados estatísticos, a menos que se tratem de breves exemplos passíveis de serem inseridos no texto.

Em geral, devem vir em apêndice todos os dados e documentos que tornem o texto pesado e de difícil leitura. Mas às vezes nada é mais fatigante do que contínuas remissões em apêndice, obrigando o leitor a passar, a todo instante, da página que está lendo para o fim da tese: nesses casos, deve-se agir à luz do bom senso, fazendo o possível para não tornar o texto hermético, inserindo breves citações que resumem o conteúdo da passagem do apêndice a que se está referindo.

Se for considerado oportuno desenvolver determinado ponto teórico e, no entanto, perceber-se que isso perturba o desenvolvimento do tema, na medida em que constitui uma ramificação acessória, você poderá pôr em apêndice a parte que trata desse ponto. Suponhamos que se esteja fazendo uma tese sobre a *Poética* e a *Retórica* de Aristóteles no que respeita às suas influências sobre o pensamento renascentista e descobriu-se que em nosso século a Escola de Chicago apresentou, em termos atuais, esses mesmos textos. Se as observações da Escola de Chicago lhe servem para esclarecer as relações de Aristóteles com o pensamento renascentista, a citação deverá ser feita no texto. Mas pode ocorrer que seja interessante examiná-lo mais detidamente num apêndice, no qual você mostrará por meio desse exemplo como não só o Renascimento, mas também o nosso século procurou revitalizar os textos aristotélicos. Desse modo você poderá fazer uma tese de filologia românica sobre a personagem Tristão e dedicar um apêndice ao uso que o Decadentismo fez deste mito, de Wagner a Thomas Mann. O tema não teria importância imediata para o assunto filológico da sua tese, mas talvez você quisesse demonstrar que a interpretação wagneriana fornece sugestões também ao filólogo ou – ao contrário – que ela representa um modelo de má filologia, quiçá aconselhando sucessivas reflexões e indagações.

A REDAÇÃO DEFINITIVA 197

Não quer isso dizer que esse tipo de apêndice seja recomendável, na medida em que se destina, sobretudo, ao trabalho de um estudioso maduro que pode permitir-se digressões eruditas e críticas de vários gêneros, mas sugiro-o por razões psicológicas. Às vezes, no entusiasmo da pesquisa, abrem-se caminhos complementares ou alternativos e não se resiste à tentação de falar dessas intuições. Relegando-as ao apêndice, você poderá satisfazer sua necessidade de exprimi-las sem comprometer o rigor da tese.

VI.4. *O índice*

O índice deve registrar todos os capítulos, subcapítulos e parágrafos do texto, *com a mesma numeração, com as mesmas páginas e com as mesmas palavras.* Parece um conselho óbvio, mas antes de entregar a tese cuide atentamente para que esses requisitos sejam satisfeitos.

O índice é um serviço indispensável que se presta quer ao leitor, quer a você mesmo. Permite que se encontre rapidamente um dado assunto.

Pode ser posto *no início* ou *no fim.* Os livros italianos e franceses o colocam no fim. Os livros em inglês e muitos livros alemães o põem no início. Pouco tempo atrás, alguns editores italianos adotaram esse segundo critério.

A meu ver, é mais cômodo colocá-lo no início. Encontramo-lo folheando umas poucas páginas, enquanto para consultá-lo no fim é necessário um trabalho físico maior. Mas se ele deve ficar no início, *que seja mesmo no início.* Alguns livros anglo-saxônicos o põem depois do prefácio e, por vezes, bem depois do prefácio, da introdução à primeira edição e da introdução à segunda edição. Uma barbárie. Estupidez por estupidez, também se podia colocá-lo no meio do livro.

Uma alternativa é colocar no início um *sumário* propriamente dito (citação apenas dos capítulos) e no fim um *índice* bastante pormenorizado, como se faz em certos livros em que as subdivisões são muito analíticas. Assim como, às vezes, se põe no início o índice dos capítulos e no fim um índice analítico por assuntos que habitualmente é acompanhado por um índice onomástico. Numa tese, isso não é necessário. *Basta um bom índice-sumário bem analítico, de preferência na abertura da tese, logo depois do frontispício.*

A organização do índice deve refletir a do texto, também em sentido espacial, o que equivale a dizer que, se no texto o parágrafo 1.2. é uma subdivisão menor do capítulo um, isso deverá ficar evidente também em termos de alinhamento. Para compreendê-lo melhor, daremos na quadro 22 dois modelos de índice. Entretanto, a numeração de capítulos e parágrafos poderia ser de tipo diferente, utilizando-se de algarismos romanos, arábicos, letras alfabéticas etc.

Quadro 22
Modelos de Índice: Primeiro Exemplo

O MUNDO DE CHARLIE BROWN

Introdução... p. 3

1. CHARLIE BROWN E A HISTÓRIA EM QUADRINHOS AMERICANA
 1.1. De Yellow Kid a Charlie Brown................ 7
 1.2. O filão aventuroso e o filão humorístico........ 9
 1.3. O caso Schulz................................ 10

2. TIRAS DE JORNAIS E PÁGINAS DOMINICAIS
 2.1. Diferenças de ritmo narrativo............... 18
 2.2. Diferenças temáticas........................ 21

3. OS CONTEÚDOS IDEOLÓGICOS
 3.1. A visão da infância......................... 33
 3.2. A visão implícita da família................ 38
 3.3. A identidade pessoal........................ 45
  3.3.1. Quem sou eu?......................... 58
  3.3.2. Quem são os outros?.................. 65
  3.3.3. Ser popular.......................... 78
 3.4. Neurose e saúde............................. 88

4. EVOLUÇÃO DO SIGNO GRÁFICO........................ 96

CONCLUSÕES.. 160

A REDAÇÃO DEFINITIVA 199

Tabelas estatísticas: Os índices de leituras
    na América..................................... 189
Apêndice 1: Os Peanuts nos desenhos animados........ 200
Apêndice 2: As limitações dos Peanuts............... 234

Bibliografia: Coletânea em volume................... 250
            Artigos, entrevistas e declarações de
            Schulz................................. 260

            Estudos sobre a obra de Schulz
            - Nos Estados Unidos................... 276
            - Em outros países.................... 277
            - Na Itália........................... 278

Modelos de Índice: Segundo Exemplo

O MUNDO DE CHARLIE BROWN

Introdução .... p. 3
    I.   DE YELLOW KID A CHARLIE BROWN 7
    II. TIRAS DE JORNAIS E PÁGINAS DOMINICAIS 18
    III. OS CONTEÚDOS IDEOLÓGICOS 45
    IV. EVOLUÇÃO DO SIGNO GRÁFICO 76
Conclusões 90

O mesmo índice do quadro 22 poderia ser numerado como segue:

A. CAPÍTULO I
    A.I. Primeiro parágrafo
    A.II. Segundo parágrafo
    A.II.1. Primeiro subparágrafo do segundo parágrafo
    A.II.2. Segundo subparágrafo do segundo parágrafo etc.

Ou, então, poderia apresentar-se deste outro modo:
I. PRIMEIRO CAPÍTULO
    I.1. Primeiro parágrafo
    I.2. Segundo parágrafo
            1.2.1. Primeiro subparágrafo do segundo parágrafo
            etc.

Você pode escolher outros critérios, contanto que eles permitam os mesmos resultados de clareza e evidência imediata. Como vimos, *não é necessário concluir os títulos com um ponto*. Analogamente, será boa norma alinhar os números à direita e não à esquerda, ou seja, assim:

7.	e não assim:	7.
8.		8.
9.		9.
10.		10.

O mesmo vale para os algarismos romanos. Refinamento? Não, limpeza. Se sua gravata está torta, endireite-a, nem mesmo um *hippie* gosta de ter excrementos de passarinho no ombro.

7. Conclusões

Gostaria de concluir com duas observações: *fazer uma tese signi-fica divertir-se, e a tese é como porco – nada se desperdiça.*

Quem quer que, sem prática de pesquisa e temeroso da tese que não sabia como fazer, tenha lido este livro, pode ficar aterrorizado. Quantas regras, quantas instruções. Impossível sair são e salvo...

E, no entanto, a verdade é bem outra. Para ser exaustivo, tive de supor um leitor totalmente desprovido de tudo, mas cada um de vocês, lendo algum livro, já se apossou de muitas das técnicas de que se falou. Meu livro serviu, não obstante, para recordar todas elas, para trazer à luz da consciência aquilo que muitos de vocês já haviam absorvido sem se dar conta disso. Mesmo um motorista, quando começa a refletir sobre seus próprios gestos, se dá conta de ser uma máquina prodigiosa que, em frações de segundo, toma decisões de importância vital sem se permitir qualquer erro. No entanto, quase todo mundo sabe dirigir um automóvel, e o número razoável de pessoas que morrem de acidentes na estrada nos diz que a grande maioria consegue sair viva.

O importante é fazer as coisas *com gosto.* E se você escolheu um tema que lhe interessa, se decidiu dedicar realmente à tese o período, mesmo curto, que lhe foi prefixado (sugerimos um limite mínimo de seis meses), verá agora que a tese pode ser vivida como um jogo, como uma aposta, como uma caça ao tesouro.

Há uma satisfação esportiva em dar caça a um texto que não se encontra, há uma satisfação de charadista em encontrar, após muito refletir, a solução de um problema que parecia insolúvel.

Viva a tese como um desafio. O desafiante é você: foi-lhe feita no início uma pergunta a que você ainda não sabia responder. Trata-se de encontrar a solução em um número finito de lances. Às vezes a tese pode ser vivida como uma partida a dois: o autor que você escolheu não quer confiar-lhe o seu segredo; você terá de assediá-lo, de interrogá-lo com delicadeza, de fazê-lo dizer aquilo que ele não queria dizer, mas que terá de dizer. Às vezes, a tese é um *puzzle:* você dispõe de todas as peças, cumpre fazê-la entrar em seu devido lugar.

Se você jogar a partida com gosto pela contenda, fará uma boa tese. Se partir já com a ideia de que se trata de um ritual sem importância e destituído de interesse, estará derrotado de saída. Nesse ponto, já o disse no início (e não me obrigue a repetir, porque é ilegal), encomende sua tese, copie, mas não arruíne sua vida nem a de quem irá ajudá-lo a lê-lo.

Se fez a tese com gosto, há de querer continuá-la. Comumente, quando se trabalha numa tese, só se pensa no momento em que ela estará terminada: sonha-se com as férias que se seguirão. Mas se o trabalho for bem feito, o fenômeno normal, após a tese, é a irrupção de um grande frenesi de trabalho. Quer-se aprofundar todos os pontos que ficaram em suspenso, ir no encalço das ideias que nos vieram à mente, mas que se teve de suprimir, ler outros livros, escrever ensaios. E isso é sinal de que a tese ativou o seu metabolismo intelectual, que foi uma experiência positiva. É sinal, também, de que já se é vítima de uma coação no sentido de pesquisar, à maneira de Chaplin em *Tempos Modernos,* que continuava a apertar parafusos mesmo depois do trabalho: e será preciso um esforço para se refrear.

Mas, uma vez refreado, pode suceder que você descubra ter uma vocação para a pesquisa, que a tese não era apenas o instrumento para se formar, e a formatura, o instrumento para subir um grau nas funções estatais ou para contentar os pais. E não quer isso dizer que continuar a pesquisar signifique entregar-se à carreira universitária, esperar um contrato, renunciar a um trabalho

CONCLUSÕES

imediato. Pode-se dedicar um tempo razoável à pesquisa mesmo exercendo uma profissão, sem pretender obter um cargo universitário. Mesmo um bom profissional deve continuar a estudar.

Se, de qualquer forma, você se dedicar à pesquisa, descobrirá que uma tese benfeita é um produto de que se aproveita tudo. Como primeira utilização, você extrairá dela um ou vários artigos científicos ou mesmo um livro (com alguns aperfeiçoamentos). Mas, com o correr do tempo, voltará à tese para tirar dela material de citação, reutilizará as fichas de leitura aproveitando partes que, porventura, não tenham entrado na redação final do seu primeiro trabalho; as partes que eram secundárias na tese surgirão como o início de novos estudos... Pode mesmo suceder que você volte à sua tese dez anos depois. Porque ela ficará como o primeiro amor, e ser-lhe-á difícil esquecê-la. No fundo, será essa a primeira vez que você fez um trabalho científico sério e rigoroso, e isso não é experiência de somenos importância.

Este livro impresso na cidade de Cotia,
nas oficinas da Meta Brasil,
para a Editora Perspectiva.